ロイヤルスタイル
英国王室ファッション史

中野香織

吉川弘文館

目　次

ロイヤルスタイルとは何か――プロローグ……1

第Ⅰ部　エリザベス2世をめぐる物語

1　エリザベス2世とフィリップ殿下……10

ワンスタイル、マルチシェード／「女王の夫」という立場の難しさ／目立たぬ賢さ／半世紀以上変わらぬスタイル／大胆な迷言力／不動にして絶妙のパートナーシップ

コラム　女王陛下のブローチを解読せよ……22

2　女王陛下の妹プリンセス・マーガレット……25

最初の恋をあきらめる／結婚の失敗と病に苦しんだ晩年／ニュールックを率先してまとう／ディオールとマーガレット／エレガントな反逆児のファッショナブルな遺産

3　女王陛下の伯父エドワード8世とウォリス・シンプソン……35
二〇世紀メンズファッションとエドワード8世／「コンプリート」なき前半生／得意分野は社交、ファッション、恋愛／ウォリス・シンプソンの超絶技巧／W&E／国家に対する謀反すら中途半端／後世への影響

4　女王陛下の母エリザベス・バウズ＝ライアン……48
三度目の正直／ヨーロッパでもっとも危険な女／古典的優雅と愛嬌とタフネス

第Ⅱ部　ヴィクトリア女王とアルバート公、その長男をめぐる物語

1　ヴィクトリア女王とアルバート公……54
白いウェディングドレスでの結婚／円満なる理想の家庭の良妻賢母／勤勉の証、アルバート・チェーン／リスペクタビリティと婉曲な表現／クリノリンの光と闇／リスペクタビリティとドレスコード／リスペクタビリティの表と裏／喪のファッション／ミセス・ブラウン／タータンとヴィクトリア女王／パクス・ブリタニカ

コラム　究極の「ブランドロゴ」、ロイヤルワラント……74

「王室御用達証」は、究極のブランドロゴマーク／英国の王室御用達制度、その英国らしさ／ヘリテイジ・ラグジュアリー

2　エドワード7世とアレクサンドラ王妃……82

プラクティカル・エレガンス／現代に続くスーツのルール誕生と、紳士服のカジュアル化／究極のマナー美人？　アレクサンドラ王妃／ドッグカラーチョーカーが隠したものは

第Ⅲ部　ダイアナ妃とその息子たちをめぐる物語

1　ダイアナ妃……90

（1）結　婚　90

最高の幸福がもたらした「不幸」／不幸がもたらした、可能性の開花

（2）ふたりの王子　93

ふたりの王子が計画した母の追悼コンサート／ふつうではない身分の息子たちに母ダイアナが残したもの／連日のテロ騒ぎにも負けず集まった英国民の真の思い

（3）人　間　愛　97

スチュアート家の「ロイヤルタッチ」／ダイアナ妃が人生の最後に発揮した、大いなる癒しの力

（4）ファッション 100

ダイアナ妃の着た服は彼女の人生そのもの／人生の節目をマークする黒いドレス

（5）ダイアナ妃がもたらした革命 105

プリンセス・オブ・セールス／ダイアナ妃の葬儀は、「解放の祝祭」／ダイアナ妃が変えた社会

コラム 「みんなのプリンセス」のドレス デザイナー、ポール・コステロ……110

2 ケンブリッジ公爵夫妻……113

キャサリン妃のウェディングドレス／ロイヤルドレスの伝統／豊饒な簡素／イギリスの現実の反映／好もしきイクメンを育てたキャサリン妃／キャサリン妃の経済効果／ジョージ王子に受け継がれるファッションの「才能」

コラム スローン主義 英国ファッションにおける「貴族主義」とは……126

元祖スローン・レンジャーとスローニー／王室は崇拝するが、政府への信頼はずっと下／ハイネック、乗馬、チェック柄、バーガン

ディー&グリーン
3　サセックス公爵夫妻の誕生、ヘンリー王子とメーガン妃の結婚式……132
男は、軍服／「世界でもっとも結婚したい独身男」の最後の恋人／メーガン・マークル／ひげとそばかすとメッシー・バン／株を上げたチャールズ皇太子／異例尽くしを包み込んだ愛／王室の権威と、個人の幸せ／すべてはダイアナ妃から始まった
コラム　ロイヤル・ファブ・フォー　Togetherness at its Finest……146
ファブ・フォー誕生／四人並ぶことで際立つそれぞれの個性／四×四倍となる王室宣伝効果

第Ⅳ部　ロイヤルジェントルマン

1　チャールズ皇太子――プリンス・オブ・サステナビリティ……154
環境系啓蒙活動家としての一貫性／羊毛王子／プリンス・オブ・サステナビリティ
2　プリンス・マイケル・オブ・ケント……159
織物王子／プリンス・マイケルの生まれと教育、キャリア／マリー

＝クリスティーヌとの無鉄砲な結婚／世間の風当たり／「サヴィル・ロウの顔」としてピッティ登場

3 チャールズ2世――イギリスをメンズウエア界の宗主国にした王……………165

陽気な王様／衣服改革宣言前夜／ベストの導入／スーツのシステム誕生／スーツが英国紳士の象徴である理由

4 ジェントルマン制度と王室――資産・伝統を温存する究極のシステム……174

ジェントルマンとイギリス王室／ジェントルマン＝土地・階級＋教養・人品／境界をあいまいにするメリット／ダンディを撲滅しようとした／開かれた、でもやはり排他的なモダン・ジェントルマン／モダン・ジェントルマン、変わらぬ「らしさ」

番外編 アメリカの「ロイヤルスタイル」

ファーストレディの責務とファッション……188

完璧なバランスが求められるヒロイン／時代を映し出す個性派／女性問題、暗殺のリスク／盤石な愛と信頼の模範を、全世界に示す／国力を引き上げるスタイルアイコン／オバマ大統領による隠されたメッセージ

参考文献 203

参考映画、テレビドラマ　207
初出一覧　210
あとがき　213
写真一覧

ロイヤルスタイルとは何か——プロローグ

1　ロイヤルスタイルとは何か

世界におけるイギリスの存在感は、時代とともに小さくなっている。

一九世紀には「日の沈むところなし」と呼ばれたほどの帝国であったが、二〇世紀に起きた二度の世界大戦を経て植民地が次々と独立していった。

二度の大戦はまた、ヨーロッパの多くの王室の廃絶をもたらし、現在、王室を存続させている国はイギリス、北欧三国、オランダなど、ごくわずかになった。生き残っても小さな所帯になった王室も少なくない。

そのような状況にあって、不思議なことに、イギリス王室の威光と注目度は、逆に年々、増しているのである。

エリザベス女王の即位五〇年式典、六〇年式典の有無を言わさぬ壮麗と格式。ケンブリッジ公爵夫妻となったウィリアム王子とキャサリン妃の結婚式。サセックス公爵夫妻となったヘンリー王子とメーガン妃の結婚式。

こうしたライフイベントにまつわる王室行事において、憧れをかきたて、心が躍るほどの壮麗と格式を表現し、それによって過去とつながる未来への希望をもたらしてくれるような王室は、もはやイギリスのみとなった。権威や伝統の価値がなし崩しになりつつある現代においてなお、いやそのような時代だからいっそう、イギリス王室の行事、とりわけロイヤルウェディングには、世界中の関心が集まる。

ライフイベントばかりではない。その他の大小の行事や公務においても、「クイニー（Queenie, クイーンの愛称）！」とアイドル並みに群衆に熱烈歓迎されるエリザベス女王の一挙一動と装い、キャサリン妃、メーガン妃が何を着たか、ジョージ王子やシャーロット王女がどう振る舞ったかという報道が、毎日のように世界中に配信される。英『GQ』誌の「メン・オブ・ザ・イヤー」において、チャールズ皇太子はここ何年か常連の上位入賞者となっており、二〇一八年には「ライフタイム・アチーブメント賞」を受賞してそれがニュースになる。イギリス王室には、いわば現代のスタイルアイコンがずらりと揃うのである。彼らがいなかったら、新聞のファッション欄やソーシャル欄はどれほど寂しくなるだろうか。

なぜ英王室に、とりわけ王室メンバーの装いや振る舞いに、これほどの関心が集まるのだろうか？イギリス王室が、歴史的に、とりわけ男性の服装の標準を定めてきたという事実はもちろんあるだろう。日本も明治時代初期にイギリス王室の標準に倣った服制を取り入れてきた。

しかし、階級のあり方が大きく変化している二一世紀に、ますますイギリス王室が注目を浴び続けるのは、一種の「規範」ないし「流行の発信源」として見られる彼らの服装や振る舞いだけが理由ではない。地位と結びついた、メンバーひとりひとりの人柄と彼らの紡ぎ出す人生のドラマに目が離せないからでもある。

メディアがイギリス王室のメンバーの服装や一挙一動を、あたかも彼らが芸能界のスターや社交界のセレブリティと同等であるかのように報道したり、彼らの人生の一局面をドキュメンタリー映像にしたり映画化したりすることには、リスクも伴う。大衆の関心がエスカレートしたあげく、パパラッチに追われて命を落とす羽目になった元王室メンバー、ダイアナ妃の記憶は今なお生々しい。

それでも、「元」も含め、王室メンバーの人柄や行動がメディアにさらされることで、イギリス王室の威光は地に落ちたかというと、そうはならなかった。王室の神秘なるものが多少失われることになったとしても、たまたま王室に立場を得てしまったひとりの人間としての彼らの感情や行動に共感したり、反感をもったり、感情を動かされたり議論を触発されたりすることで、かえって多くの人々のイギリス王室への愛情や敬意、少なくとも関心は深まっていったように見える。ダイアナ妃にしても、悲劇の事故死を遂げたことでその後「伝説」となって語り継がれ、イギリス社会に大きな変化をもたらした。王室はその後、メディアと取引をし、ある程度の情報を積極的に公開するようになった。

現在、イギリス王室はＳＮＳでもやや過剰気味なくらいに情報を続々と配信している。王室の存続をかけた広報活動でもあるが、結果的に、英王室への親近感を高めながらイギリスという国全体の好感度を上げるＰＲになっている。

＊

王室廃絶論は常にある。とりわけ失業者があふれた一九七〇年代、パンクムーブメントの最盛期には、制度としての王室がなくなってもよいくらいの状況だった。しかし、結局そうはならなかったのは、セックスピストルズからの侮辱を公然と受けても動揺を表には見せず、国のために公務を続けたエリザベス女王の人柄に対して国民の敬意が根底にあったことが大きいのではないか。

ダイアナ妃の葬儀の際も危機的な状況であった。女王は英王室に対する批判を一身に受けていたが、辛そうな表情は表には出さず、「悪役」として国民の声を受けとめ、譲歩するところは譲歩するなど、現実的に対処して、結果的に国民の敬意を回復させた。

エリザベス女王は、「私はイギリスと結婚した」と宣言し、淡々と責務を果たす日々を生き続け、九〇歳を超えてなお、公務を続ける。体調が悪くて公務に出ない、ということがこれまでほとんどなかったという。責務をまっとうするために生きるという「人」としての在り方も、現代においては珍しい。国王の責務を「愛」のために放棄した伯父エドワード8世がもたらした政治的混乱を引き受け、伯父に代わって国王としての責務を果たした両親、ジョージ6世とエリザベス妃（クイーンマザー）の善なる資質を継承するモラルリーダーであり、責任を果たすことの潔い美しさというものを見せてくれる。

エリザベス女王には、どんなスーパースターもかなわないほどのオーラが、年齢とともに備わっていく。政治に干渉しない立場とされているが、政治的な場面に示されるその存在感は圧倒的である。

社会貢献が企業にとっても人にとっても課題のひとつとなる時代、「リスポンシブル・ビューティー（責任を自覚する美しさ）」という美の基準があると思うのだが、エリザベス女王は、イギリスの象徴としての責任を自覚しているという点で、まさにリスポンシブル・ビューティーの代表格ともなっている。エゴを放棄し、公のためにという責任を自覚した人の美しさの影響力を、エリザベス女王は、存在そのもので示し続けているのである。社会貢献という言葉が流行する、はるか以前から。人が敬意を払うのは人柄であって、地位のみに心からの敬意を払うことはない。少なくともエリザベス女王が生き続ける限り、人々は女王とイギリス王室に敬意を払い続けるだろう。

エリザベス女王が公的行事で身に着ける豪華なジュエリーや王族としての荘厳な衣裳、その他の公務で身に着けるカラフルなコートアンサンブルなど、女王のスタイルの威光と魅力は、このような女王の人柄と行動とあいまって、輝きを増している。女王が「小道具（プロップ）」と表現する衣装や宝石は、イギリス王室の威光を表現するだけにはとどまらず、世界の人々に、リスポンシブル・ビューティーの模範としてのインスピレーションをも与えている。

＊

イギリスの王室は、クリスマスツリーの頂上の星のような存在である。

そもそもイギリス王家の第一号は、フランス系である。一〇六六年のノルマン征服でイングランド国王となったウィリアム1世から英王室の歴史が始まるが、これによって成立した王家は、フランス北部ノルマンディ出身のノルマン王家だった。

また、一六〇三年にはスコットランド国王のジェームズ6世がイングランド王位を兼ねてジェームズ1世を名乗り、スチュアート王家が誕生しているし、一七世紀末にはオランダ出身のウィリアム3

世が妻のメアリー2世とともに共同統治をしている。さらに、一七一四年に成立したハノーバー王家はドイツの出身である。英語を話せないイギリス国王が存在した。

頂上の星は、必ずしもイングランド製ではない、「外国」製であることが多かったのである。この星は、時代に応じて、形も輝き方も変わる。もしかしたら、なくてもクリスマスツリーは成立するのかもしれないが、これがあるからこそツリー全体のまとまりが生まれるし、これをとりかえるだけでツリー全体の雰囲気が一変する。

なくてもとくに困らないけれど、なくては全体のおさまりがきかない不可欠な頂上の星。これがイギリス王家である。

*

本書で描くのは、たまたまそんなイギリスの王家の一員という地位につき、世界のファッショントレンドにも多大な影響を与えているスタイルアイコンたちの物語である。

装いは、単に服の着こなしというレベルで他者に影響をもたらすことは少ない。文脈から切り離された一瞬の服装の美は、はかなくうつろいやすい。人柄、ことば、行動そして地位と有機的に連動する装いが、その人固有のスタイルとなり、そうしたスタイルこそが自身、そして他者、ひいては社会に対して、長期的な影響力を及ぼしていく。

ロイヤルファミリーのスタイルを取り上げるのでロイヤルスタイルというタイトルをつけたが、必ずしも一面的に王室メンバーのスタイルをさすのではない。王室とは縁遠いかもしれない多様な地

7

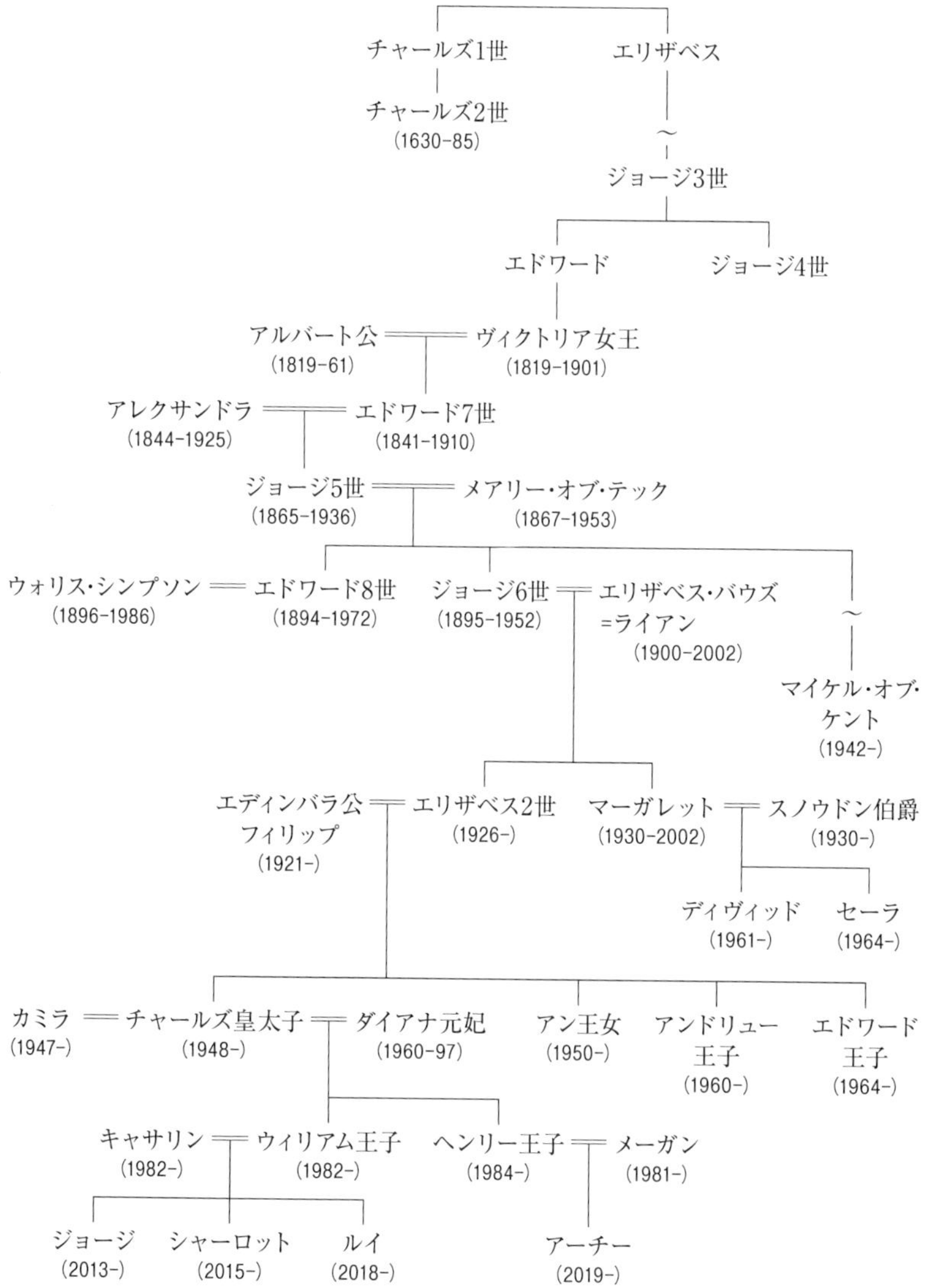

チャールズ1世
エリザベス
チャールズ2世
(1630-85)
ジョージ3世
エドワード
ジョージ4世
アルバート公
(1819-61)
ヴィクトリア女王
(1819-1901)
アレクサンドラ
(1844-1925)
エドワード7世
(1841-1910)
ジョージ5世
(1865-1936)
メアリー・オブ・テック
(1867-1953)
ウォリス・シンプソン
(1896-1986)
エドワード8世
(1894-1972)
ジョージ6世
(1895-1952)
エリザベス・バウズ
=ライアン
(1900-2002)
マイケル・オブ・
ケント
(1942-)
エディンバラ公
フィリップ
(1921-)
エリザベス2世
(1926-)
マーガレット
(1930-2002)
スノウドン伯爵
(1930-)
ディヴィッド
(1961-)
セーラ
(1964-)
カミラ
(1947-)
チャールズ皇太子
(1948-)
ダイアナ元妃
(1960-97)
アン王女
(1950-)
アンドリュー
王子
(1960-)
エドワード
王子
(1964-)
キャサリン
(1982-)
ウィリアム王子
(1982-)
ヘンリー王子
(1984-)
メーガン
(1981-)
ジョージ
(2013-)
シャーロット
(2015-)
ルイ
(2018-)
アーチー
(2019-)

位・立場にある読者の思考や感性を刺激し、それぞれの読者をとりまく社会や本人のスタイルへのヒントを与えてくれる「気高い（ロイヤル）スタイル」という意味も含ませている。

装いがもたらす社会的な影響力に気づかせてくれたのは、イギリス文化である。重厚な歴史の厚みとパンクな破壊力が同居し、皮肉とユーモアのスパイスが効いた、寛容で豊饒なイギリス文化に対する敬愛が、本書の礎《いしずえ》になっている。

第Ⅰ部　エリザベス２世をめぐる物語

1

エリザベス2世 1926- と フィリップ殿下 1921-

現在の君主、エリザベス2世（一九二六〜）は、二〇代のときに「結婚式」を二度、挙げた。最初は二一歳のとき、初恋の人、フィリップ殿下と。そして二度目は二六歳のとき、イギリス連邦の人々と。ドレスをデザインしたのは、ともにノーマン・ハートネルである。

二一歳の誕生日に、「私は、全生涯をイギリス連邦に捧げます」と国民に向けてことばで誓った。二度目の「連邦の人々との結婚式」こと戴冠式《たいかんしき》では、同じ誓いをドレスで表現した。連邦を象徴する植物をドレスに刺繍《ししゅう》したのである。イングランドのバラ、スコットランドのあざみ、アイルランドのクローバー、ウェールズのリーク、カナダのメープル、インドの蓮……。自らをイギリス連邦における「結合の要」とみなした、女王自身のアイディアだった。実はアレクサンドラ王妃に前例を見つけることができるこの連邦の植物の刺繍は、キャサリン妃、そしてメーガン妃のウェディングドレスに引き継がれることになる。

エリザベス2世の治世の最初の二〇年間で、大英帝国のかつての植民地はほとんどすべて、独自の政府をもつ共和国となり、世界における英国の地位は、世界の一流国から中流国へと徐々に変化していった。君主制そのものも、政治的な権力をもたない存在になったうえ、メディアの力が強大となり、王室の生活のあらゆる部分、とりわけ私的な弱点が容赦なく暴かれた。妹マーガレット王女は、その最初の犠牲者だった。

英国そのものが衰退し、君主制が危機にさらされていくなかで、イギリス国民が王室を廃止しようとは思わなかったのは、この間、王位にあったのが、ほかの誰でもない、エリザベス2世だったからである。

ファミリーの不祥事でつらい思いをしようと、エリザベス2世は常に、品位と威厳をもって女王としての務めを果たしてきた。私生活を執拗に暴き続けるメディアに対しても、その利点は利用しようと考え、自身の戴冠式をテレビ放映したり、宮殿での生活の一部を公開する番組を作らせたりと、「親しみやすい王室」にするための努力を惜しまなかった。その結果、ジョージ6世が「王室

戴冠式後のエリザベス２世とフィリップ殿下（1953年）

ノーマン・ハートネル（1972年）

会社（ザ・ロイヤルファーム）と命名したイギリス王室は、あらゆる意味で、世界でもっとも有名な一家となった。

ワンスタイル、マルチシェード

世の中がどう変わっていこうと、イギリスの伝統と「まともさ」を一身に象徴するエリザベス２世が、宮殿にいる。それが多くの英国民の心のよりどころになっているのだ。女王が「芝居の小道具（プロップ）」と呼ぶスタイルが与える心理的効果も大きい。トレンドがどうであろうと、コートドレスを基本とした原色のセットアップ、揃いの色の帽子。そしてバッグ（ブランドはローナー）と靴はほぼ必ず黒、たまに白。

エリザベス２世（2015年）

シルエットは常に変わらないが、ありとあらゆる色を着る。ワンスタイル、マルチシェード（スタイルはひとつ、色は多色）である。やむをえずご自分で傘をさす必要に迫られた場合は、フルトンのバードケージがお目見えする。こんもりした鳥かご型のビニール傘で、縁取りと持ち手が、ドレスの色とお揃いになっている。ビニール傘はご自分の姿を国民に見せるための配慮である。

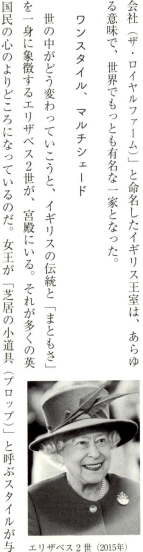

そのような装いは常に、国民の敬愛を受けるためにある。遠くからでも「あそこに女王がいる！」とわかるように、という女王の考えを反映したスタイルである。「軍服」効果すら帯びるユニフォームである。

そんな安定した君主であり続けられるのも、エディンバラ公フィリップ殿下（一九二一〜）との結婚生活が安定したものであるからだろう。女王は一貫してフィリップ殿下を愛し続け、殿下は「女王の夫」として、一歩も二歩も下がって妻を立てる度量の広さをもちながら、決して卑屈にはならない。内実には、外からはうかがい知れない葛藤があったであろう。しかし、公的な場面におけるその振舞いは、「成功した妻をもつ男の服装術」の模範的例として、しばしば引き合いに出される。

一九九七年の金婚式において、フィリップ殿下は「うまくいく結婚の秘訣」について語っている。「忍耐強さだね。女王は忍耐強く、たっぷりと寛容の精神をお持ちである(1)」。

メディアが意地悪を書くことができるのも、女王を揶揄《やゆ》するような過激で前衛的な音楽やファッションが出てくるのも、イギリス的な「まともさ」に支えられた、エリザベス2世の寛容が、ゆるがずにそこにあるからこそなのである。

「女王の夫」という立場の難しさ

恋人、夫婦の関係において、女のほうが男よりも社会的地位が高い。

映画『セレステ&ジェシー』にも描かれているが、愛があれば社会的格差なんて、というのは建前上のこと。二一世紀においてなお、現実には、そう簡単にはいかないことが多い。

二〇世紀においては、ジョー・ディマジオのような大リーガーですら、いや、大リーガーであるからこそかもしれないが、人気において自分を上回ったマリリン・モンローのほうにより多くのカメラのフラッシュがたかれることを快く思わず、カップルは破局を迎えることになった。同じような問題に幸せの行く手を阻まれ、別れに向かう身近なカップルの話は、あとを絶たない。何度もリメイクされる映画『スター誕生』も、成功の階段を駆け上がる妻の陰で、嫉妬と愛情の葛藤に苦しみながら転落していく夫の悲劇の物語でもある。

しかし一方で、難題を乗り越え、半世紀以上もスキャンダルとは無縁であり続けているカップルもいる。その究極の例ではないかと思われるのが、エリザベス女王とその夫エディンバラ公フィリップ殿下である。頂点に立つ女性の傍に立ち、卑屈にならず、自身の尊厳も保ちながら、愛する女性を常に立てていなくてはならない。「女王の夫」とはいったい、どんな方なのだろうか。

目立たぬ賢さ

エリザベス女王とエディンバラ公フィリップ殿下は、結婚七〇周年を超えた夫婦であるが、一九四七年、女王との結婚式を控えた数時間前、フィリップ殿下はこのような問いを周囲に投げかけられた。「私は非常に勇敢なのか？　それとも、ものすごく愚かなのか？」(2)

その問いに対して、どなたかがなんらかのお答えをしたのかどうかは伝えられていない。その後七〇年以上、殿下は、「女王の夫」としてエリザベス2世に寄り沿い続けてきた。格差婚であっても夫婦安泰の秘密はどこにあるのか？

考える手がかりを得るために、まずは彼のスーツ・スタイルから観察する。

グレーか紺のシングルのスーツ、白か淡いブルーのシャツ、シルクのタイと黒い靴、唯一の「装飾」は、きりりと折りたたまれた白いポケットスクエア。このスタイルを、フィリップ殿下は、「女王の夫」となって以来、ほとんど変えていない。

二〇一一年六月三日付の英『ファイナンシャル・タイムズ』に掲載された、殿下のスタイルを読み解く記事に次のように紹介されている。題名は、「王室にふさわしき抑制（Regally restrained）」。

「女王と結婚後、六〇年以上もの間、『公人』として人前に出てきたフィリップ殿下ですが、その外見がなにか批評の対象になったことは、一切ありませんでした。慎み深く、謹厳で、威厳もある、理想的なスーツ・スタイルのモデルとなり続けてきました」

シングルのジャケット、フロントは二つボタン、袖口は四つボタン。ベントなし。ポケットにもフラップなしで玉縁かがりのみ。トラウザーズはクラシックで、プリーツはあっても余分な幅はなし。個性の主張はかけらもなく、完璧に抑制のきいた一種のユニフォームであり、ゆえになんの批判も受けない。

サヴィル・ロウ一番地、ギーヴズ＆ホークスのチェアマン、マーク・ヘンダーソンはこのようにコメントする。「フィリップ殿下の装い方には、最高にすばらしい、目立たぬ賢

エディンバラ公フィリップ（1992年）

さがある」。

半世紀以上変わらぬスタイル

一九六〇年代からこのかた、メンズファッションは激動期でもあった。ロックンロール、ヒッピーカルチュア、ニューロマンティックを経てヒップホップへという流れがあった。スーツにおいても、アルマーニによる「脱構築」があった。芯地《しんじ》やパッドを省いた柔らかなアンコンストラクティッド・スーツのことである。さらにヨウジ・ヤマモトによる西洋的美意識の転覆と再構成があり、ヘルムート・ラングやエディ・スリマンによるミニマリズムの革新を経て、トム・フォードによる七〇年代風ルネサンスがあった。さらに、アメリカのトム・ブラウンによるスーツのコンパクト化の流れも加わる。

こうしたあれこれの騒動を横目に、殿下のスタイルで変わったところといえば、トラウザーズを細くしたことと、ラペルを少し長くしたこと。

殿下のスーツを、半世紀近くつくっているのは、ケント&ヘイストのジョン・ケントである。一九六〇年代に、ケントがハウズ&カーティスにおいて殿下のトラウザーズをつくったことからご縁が始まったが、一九八六年にケントが独立したあとも殿下のテイラーであり続け、二〇一〇年、ケントが現在の会社をはじめたときにはすぐにロイヤルワラント（王室御用達認定証）を取得している。

「殿下はカジュアルをお召しになることがあるのか?」と聞かれて、ジョン・ケントはちょっと間をおいて、ドライに答えている。「熱帯にお出かけになるときには、軽量のコットンスーツをおつくりしました」。

ギリシア生まれ、長身でハンサムなフィリップ殿下に、一三歳のエリザベスは一目で恋に落ちたと報じられている。長身のハンサム好みという点では、ヴィクトリア女王と似ているところがある。いずれにせよ、その身体的な長所あってこそ引き立つ、「目立たぬ賢さ（low-key smartness）」は、典型的な、世界がこうあってほしいと思う英国紳士スタイルの王道をいく。あくまで服装の上ではこれを貫き、実に七〇年以上も批判を受けていない。

女王よりは控えめであるべきだが一紳士としての尊厳を表現しつつ決して卑屈に見えてはならないという「女王の伴侶」のスタイルとして、これほどふさわしい装いはない。

大胆な迷言力

しかし一方、これほど退屈なこともないだろう。長男にあたる皇太子のチャールズの装いに、やや華やかなダンディぶりが入っているのは、父の厳格さに反抗してのことと見ることもできなくはない。ソフトショルダーのダブルを好み、ポケットチーフもカラフルで、パフを作って入れたりするチャールズ皇太子のスタイルもまた、実は何十年も変わらない点においては同じなのだが。

この父子関係は、控えめな堅実さを好んだジョージ5世の好みに反して、派手なスタイルセッターになってしまったエドワード8世あらためウィンザー公との関係を思わせるものでもある。男子が父親世代に反抗するかのような服装を採用するのは、英国王室においても同じという点に、ニヤリとさせられる。一方、エリザベス女王は、クイーン・マザーことエリザベス・バウズ＝ライアンとほぼ同じ服装戦略を踏襲している。

さて、きまじめスタイルを貫きとおすフィリップ殿下であるが、その一貫した装いは紳士の理想として一目置かれているとはいえ、殿下は、「大胆すぎる発言」王としても有名である。

率直な御心のままに放たれた言葉の数々は、時に人を唖然《あぜん》とさせ、時に戸惑わせ、時に怒らせる。しかし、最終的にはあまりのばかばかしさに脱力されるか、笑いに包まれて、格好のネタにされ続ける。つまり、愛されてしまうのである。何冊も本が出版されるほどに。

Wise Words and Golden Gaffes
（表紙のイラストはリチャード・ジョリー）

女王と殿下のご結婚六五周年を祝うタイミングでも、珠玉の迷言集『Wise Words and Golden Gaffes』（Phil Dampier & Ashley Walton, Prince Philip 著、Barzipan Publishing 刊）が出版された。表紙イラストはじめ、ちりばめられた風刺漫画は、ベテランであるリチャード・ジョリーの手になるもの。大衆紙『ミラー』も、この本の出版に合わせ、「フィリップ殿下、六五のクラシックな名言」を厳選して紹介、あらためてその天然にして大胆不敵な表現力を讃えた。(3)

いまなお伝説として語り継がれるフィリップ殿下の迷言には、次のような例がある。

（中国にいるイギリス人学生のグループに）「こんなところに長い間いたら、目が細くなっちゃうよ」

（ワイヤーがはずれた箇所を見て）「この工事はインド人がやったにちがいない」

「イギリスにはまだ厳格な階級制が残っていると思われている。でも公爵だってコーラスガールと結婚する。アメリカ人と結婚する貴族さえいる」

明らかに政治的に正しくない。よくぞ外交問題にならないものだと感心するが、殿下の人種偏見まるだしの問題発言は、全方向に配慮を行き届かせねばならない時代の空気に対する鈍感からくるものではなく、ひょっとしたら、畏《おそ》れを知らない勇敢さから生まれているのではなかろうかとすら思わせる。

率直すぎて容赦ない喝破《かっぱ》もある。

（将来は宇宙飛行士になりたいと語った一二歳の少年に対し）「きみは太りすぎているから無理だろう」

この殿下の一言が、この子が夢をあきらめるきっかけになったとしたら、なんと酷なことか。いや、たとえそうであっても、方向転換のおかげでこの子が他の天職に巡り合えていることを祈りたい。

そのような失言、暴言が続くなかにも、真実をつく痛快な金言が光ることがある。

「国民は、我々の生活にはもっと休みが必要だと言っていたくせに、今度は仕事がないなどと文句を言っている」

（カリブの病院にて）「あなた方が蚊に悩まされるように、私はマスコミに悩まされる」

不動にして絶妙のパートナーシップ

ユーモアという言葉から漂う知的な穏やかさとは一線を画す、率直すぎるファニーな放言。政治的正しさなど知ったことではない、つっこみどころ満載の暴言。でもときにはそれが、鋭く真実をついていたりして、イギリス人はそんな失言王を、「危険公爵」「ギリシア人フィル」とからかいながらも、あるいは、しょうがないなと苦笑しながらも、愛してやまないのである。殿下のほうも、「蚊のようなマスコミだ」などと言いながらも、別に失言癖を改める努力をするわけでもない。

実はこのような発言は、伝統的な「オールドスクール」の英国紳士からしばしば聞かれることなのだ。土地持ちであり、パブリックスクールで教育を受けたり、海軍や陸軍の将校として訓練を受けたり、会員制クラブに出入りしたりして、同じ階級内で長い時間を過ごしてきた彼らは、毒舌すれすれの特殊なジョークの感覚を共有する。

ただ、そのような文脈から切り離されれば、問題発言となりかねない。政治的な配慮に気を配ることも肝要な現代において、彼らはいったん「公人」として表に出ればそのような発言を控えるよう賢く振る舞う。殿下はそのままで、しばしば形容されているように、「決して賢く立ち回るキャラではない」のである。

このような天然の、そして英国紳士のもうひとつのダークサイド的伝統を時折ちらりと見せ、心ひそかに楽しませてくれるフィリップ殿下が、女王としては優等生そのものであるエリザベス２世と、不動の、安定したパートナーシップを築いている。

現代においては稀少ともなったそのことじたいが、対外的にも、国内においても、イギリス王室に対する親近感と敬意を共に抱かせる、絶妙な効果を発揮しているのである。

（1）“The Duke of Edinburgh addresses guests at Guildhall, London”, BBC News, 19 Nov 1997.

（2）Anthea McTeirnan, “'Very brave or very foolish?' Prince Philip celebrates his 94th birthday”, The Irish Times, 10 Jun 2015.

（3）Andy Rudd, “Prince Philip quotes: Relive 65 classic gaffes as Duke of Edinburgh celebrates 65th wedding anniversary”, The Mirror, 20 Feb 2013.

コラム

女王陛下のブローチを解読せよ

アメリカのトランプ大統領夫妻が、二〇一八年七月中旬、初めてイギリスのエリザベス女王夫妻を訪問した。

トランプ大統領の「ミー・ファースト」な振る舞いは、英国女王に接するときにも変わらない。ウィンザーへの到着時刻が大幅に遅れて女王を待たせたり、女王の進路を遮《さえぎ》って前を歩こうとしたり、あたかも女王の存在を忘れたかのように振る舞ったりと、九二歳の英国女王陛下に対する態度としては当然のこと、通常の対人関係レベルで見ても失礼きわまりない行動が続き、ハラハラする場面が少なくなかった。

意外と心の中が顔に出る女王は、メラニア夫人、トランプ大統領との記念写真撮影時にも、不愉快そうな表情を浮かべているように見えた。隣に立つ大統領は、歯を見せて笑顔を作り、上着のボタンは相変わらず、トランプ流を貫いて留めないまま。ちなみに、立っている時には上着のボタンを留めるのが通常のスーツのルールである。

心の中を表情に出すことはあっても、口には出さないのがエリザベス女王である。政治的な発言ができる立場にあるわけでもない。そんな女王陛下を敬愛してやまない民は、女王がトランプ大統領と接した三日間につけられたブローチの意味を深読みすることで、女王が実はトランプ大統領をどのように扱っていたのかを、代弁しようとしたのである。

まず、最初の日につけられた緑のクローバーのようなブローチ。これはオバマ前大統領夫妻から友情の記念に贈られたものであった。ご存じの通り、トランプ大統領はオバマ前大統領の功績をことごとく否定する政策をとり続けている。

二日目につけられたのは、トランプ大統領と仲の悪いカナダから贈られた雪の結晶型ブローチ。しかも、雪の結晶（snow-flake）は、アメリカでは反トランプ派の人々をほのめかす。

そして三日目のブローチとして選ばれたのは、女王の母がジョージ6世の葬式の際に着用したことで知られるブローチ。幸福や喜びの対極にある感情を連想させる。

かくしてエリザベス女王は三つのブローチを通して全世界に反トランプのメッセージを送っていた、という「解読」はツイッターで即座に共有されたのであった。

深読みしすぎだろうか？

トランプ夫妻訪問3日目のエリザベス女王（2018年）

いえいえ、ウィリアム王子とキャサリン妃の結婚式にはラブノット型のブローチをつけたり、ＥＵ離脱が国民投票で決まった後の国会の開会スピーチでは、ＥＵの旗とそっくりな模様の帽子を着用して登壇したりする女王である。政治的な発言が許される立場にないからこそ、ひとつひとつのアクセサリーにさりげなく意味を含め、誰かに向けてメッセージを発信しているのだと思いたい。

イギリス女王のファッションアイテムを通したメッセージ解読ゲームに、全世界が「女王陛下のスパイ」気分で参加する。結果、女王の意図は明記されないけれど確実に伝わっていく。女王と人々と間に信頼が横たわるからこそ成り立つウィットに富んだ共犯関係そのものが、なんともスリリングである。ああやはり、００７の国の女王なのだ。

2

女王陛下の妹プリンセス・マーガレット

1930–2002

きわだって美しく個性的なプリンセス姉妹がいれば、二人に対照的な物語を読みこみたくなるのは、人の常なのかもしれない。

姉は古風な威厳と落ち着きを備え、国民の敬意にふさわしい篤実なクイーンとなる。初恋を貫き、幸せな家庭生活を営む。妹は現代的な奔放さと大胆なふるまいで、国民の好奇心をかきたててやまない問題児となる。初恋を断念したあと、短い結婚生活を送り、数々の男性と浮名を流す。

エリザベス女王の妹であるプリンセス・マーガレット（一九三〇～二〇〇二）は、その私生活がメディアに報じられ続けた最初のロイヤルファミリーである。「私のプライバシーは、金魚鉢の金魚なみ」とは、しばしば引用されるプリンセスの嘆きである。

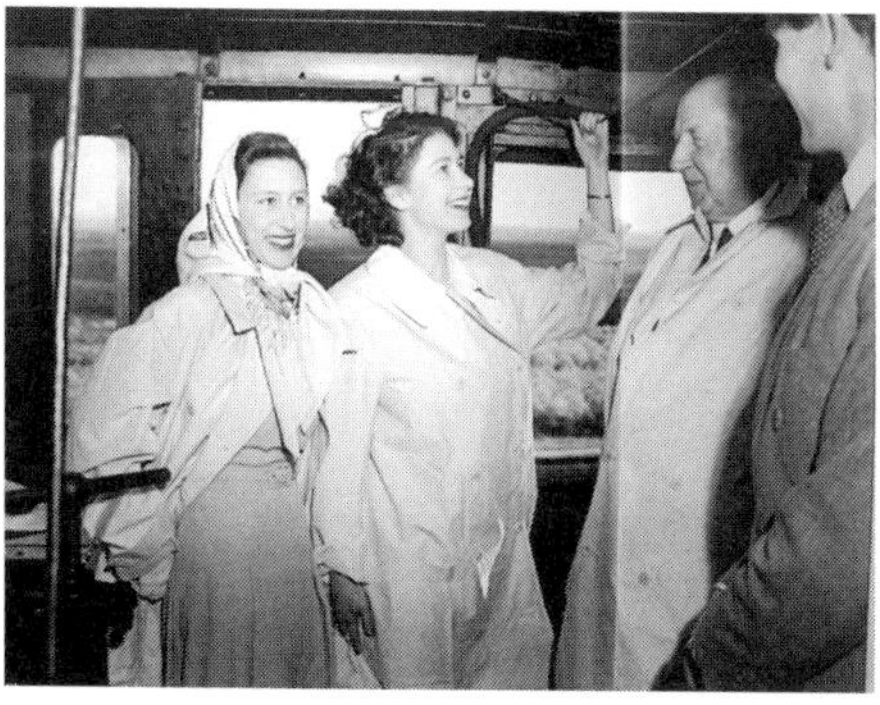

南アフリカ訪問時のマーガレット（左）とエリザベス（中央，1947年）

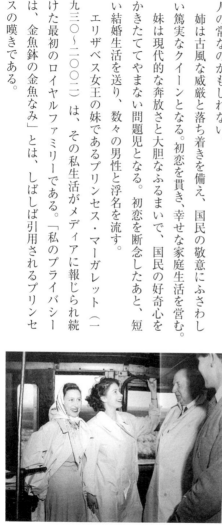

最初の恋をあきらめる

父王ジョージ6世の侍従だった空軍大佐ピーター・タウンゼントに初めて会ったのは、プリンセス・マーガレットが一四歳のときだった。やがて二人は恋に落ちる。

一六歳年上、二人の子持ちで離婚歴のあった大佐と王室メンバーとの恋愛が発覚したのは、エリザベス女王の戴冠式のさなかだった。(1) プリンセス・マーガレットが、タウンゼント大佐の軍服の襟《えり》についていたほこりを払ったのである。現代の私たちの眼から見ればなんでもないことだが、一九五〇年代において、そのようなしぐさは、親密な仲でなければできることではないと見られていた。現場を目撃し、二人の親密さをかぎとったタブロイド紙の女性記者が、その光景をスキャンダルとして大きく報じ、やがてそれは世間を騒がす大問題となっていく。英王室と政府は、マーガレット王女の伯父にあたるエドワード8世が起こした一九三六年の「シンプソン事件」の悪夢を重ね見た。

『デイリー・ミラー』の調査では、国民の九五％が二人の結婚に賛成だった。マーガレットがイーストエンドを訪れた時には「マーグ、ゴーゴー！　やりたいようにやったらいいよ！」という激励までとんだ。(2) しかし、イングランド国教会は反対し、内閣からも反対された。悩んだあげく、マーガレットはわざわざ声明文を出す。

「私はピーター・タウンゼント大佐と結婚しないと決意したことを、ここにご報告します」。一九五五年、二五歳のときである。

世間は悲劇のプリンセスに同情した。英『テレグラフ』紙は、プリンセスの決断を讃えるハロルド・ニコルソンのことばを紹介する。「偉大なる自己犠牲行為だ(3)」。

その後のプリンセス・マーガレットの行動を見ていくと、この失恋の痛手がいかに彼女の心に大きな穴をあけたのかを想像することができる。かねてから「マーガレット・セット」と呼ばれた華やかな社交人士たちとパーティーに興じる姿が報じられていたが、タウンゼント大佐との結婚をあきらめたあとは、いっそう大胆に着飾り、メディアをにぎわせるようになっていく。翌年には、「世界でもっともファッショナブルな女性」の第二位に選ばれる。その年の女性ベストドレッサー第一位はグレース・ケリーであった。

ちなみに、王侯貴族または上流階級でファッションリーダーとして称えられてきた女性は、結婚生活が不幸であることが少なくない。チャールズ皇太子と別居しはじめたころのダイアナ妃がそうであるし、古くは、ダイアナ妃の祖先である一八世紀のデヴォンシャー公爵夫人ジョージアナ・キャヴェンディッシュ。夫の愛人と同居するという彼女の悲惨な結婚生活と、その心の穴埋めをするかのような華やかなファッションに身を包んだ社交生活は、『ある公爵夫人の生涯』としてキーラ・ナイトレー主演で映画化されている。また、アメ

デヴォンシャー公爵夫人（ジョシュア・レイノルズ画，1775-76年）

リカではケネディ大統領夫人だったジャクリーヌもその一人である。常にホワイトハウスを出入りする女性の陰に悩まされたジャクリーヌは、世界中の女性から憧れられた、六〇年代アメリカを代表するスタイルアイコンでもある。

心理学でいう「補償作用」をファッションが果たすのかもしれない。

結婚の失敗と病に苦しんだ晩年

一九五九年、プリンセス・マーガレットは写真家アンソニー・アームストロング＝ジョーンズと出会い、一九六〇年五月にウエストミンスター寺院で結婚。アンソニーはこの結婚によりスノウドン伯爵に叙せられる。結婚式はテレビで放送された最初のロイヤル婚となった。

ノーマン・ハートネルによるマーガレットの結婚ドレス（1960年）

六週間にわたるハネムーンを終え、ケンジントン宮殿での結婚生活を始める。二人の子供、デイヴィッドとセーラにも恵まれるが、結婚生活はうまくいかず、アンソニーのみならず、マーガレットの不倫報道も絶えない。お相手はボルドーのワイン・プロデューサーに始まり、元首相の甥、ミュージシャン、俳優、クリケット選手など、報道されただけで七人。その都度、メディアはスキャンダルとして騒ぎ立てる。下院議員ウィリー・ハミルトンは、プリンセス・マーガレットを「落ち着きのない女性」[4]と評した。一九七六年、二人は別居し、二年後の一九七八年には正式に離婚する。

このころマーガレットは結婚の失敗に苦しみ、カウンセラーに頼っていたと報じられている。スノウドン伯爵はその後、別の女性と再婚した。マーガレットは美の盛りを過ぎ、人生の方向を見失った孤独な女性として描写されるようになる[5]。

晩年は病気と障害に苦しむ。〈ヘビースモーカーであったことが大きな原因の一つとされているが、心のストレスも身体に相当大きく影響したのではないかと憶測する。一九九五年、ベルギーでタウンゼント大佐が死去したのと同じころ、プリンセス・マーガレットは脳卒中で倒れ、車いすの生活を送ることを余儀なくされる。その後も健康は次第に衰え、二〇〇二年二月、七一歳で他界した。

こうしてプリンセス・マーガレットの生涯をたどってみると、〈引き裂かれた初恋の悲劇を引きずり続けた、古い王室モラルの犠牲者〉のようにも見えるのだが、ファッションという側面から見ると、王室の「格」にとらわれない自由な発想をもつプリンセスのライフスタイルは、まさに各時代の象徴そのものになっているのだ。

ニュールックを率先してまとう

マーガレットのグラマラスなファッションやふるまいをメディアが熱心に追いかけ始めたのは、成人としてメディアに登場し始める第二次世界大戦後である。一九五三年の『ピクチャー・ポスト』は「ファッションとプリンセス・マーガレット」と題した記事のなかで、このように書く。

「プリンセス・マーガレットが着る服がニュースになる。何千人もの女性や、新聞や雑誌が注目する(6)」

また、同年の『ロンドン・イラストレイテッド』はこのように書く。

「プリンセスは自信に満ちて魅力を表現、ファッションやヘアスタイルにおいて、大胆で実験的な試みをおこなっていきます。そしてニュールックをいちはやくお召しになりました(7)」

ニュールックとは、一九四七年にパリのクリスチャン・ディオールが発表した、「バースーツ」のことである。

クリスチャン・ディオール，1947年春夏「バースーツ」

第二次世界大戦中、世界中に物資が不足し、イギリスにおいても、商務省とデザイナーが手を組んで「実用本位衣料計画(8)」という衣料統制がおこなわれていた。布地を極限まで節約するために、袖の折り返し、ポケットのフラップ、装飾的なギャザーやボタンなどを使わないデザインが奨励された。

大戦中の数年間にわたり、節約を強いられていた人々は、ウエストをしぼり、スカートにたっぷりと布地を使ったフェミニンの極みのようなスーツを目にして、新しい時代の到来を喜んだのである。アメリカ『ハーパース・バザー』誌の編集者、カーメル・スノウがこのスタイルを見て「ニュールックだわ」と叫び、以後、バースーツはニュールックの名で知られるようになっている。

マーガレット王女は、新しい時代を象徴するそんなパリ発のニュールックを率先してまとい、配給制から解放された平和の喜びを視覚的に表現してみせたのだ。

ディオールとマーガレット

マーガレットがディオールのニュールックを着たことは、ディオールの発展にとってもきわめて重要なことだった。

戦後、一九四七年にデビューしたクリスチャン・ディオールは、一九四七年の秋、二回目のコレクションをロンドンのサヴォイ・ホテルでおこなっている。これは大成功をおさめ、エリザベス・バウズ＝ライアン（クイーンマザー）は、次の日、ロイヤルファミリーのためにプライベートなコレクションを見せてくれとディオールに依頼する。ディオールはプリンセス・マーガレットの優雅な魅力を賛美し、マーガレットもディオールを気に入り、その後、何度もパリにドレスを注文するようになるのである。

一九五一年、二一歳の誕生日にセシル・ビートンが撮影した写真では、プリンセス・マーガレットは「私がいちばん好きなドレス」として、ディオールの白いドレスを着ている(9)。

もはや王侯貴族がいなくなったパリのデザイナーにとって、ロイヤルメンバーほど貴重な広告塔はいない。マーガレットがドレスを着ることによって、ディオールの格は上がり、顧客が増える。二一世紀のキャサリン効果のような働きをマーガレットは先取りしていたのである。

時代の先端をいくモード感覚を好んだマーガレットにとっても、姉が好むようなノーマン・ハートネルやハーディー・エイミスのような保守的なイギリスのデザイナーの服ではなく、話題のパリのデザイナーの作品をまとって写真に撮られることは、最高の宣伝となった。互いのイメージ戦略にとって、申し分のない関係だったのである。

エレガントな反逆児のファッショナブルな遺産

スノウドン伯爵との結婚時代においても、交友関係は財界、芸術界、ファッション界にまで広く及び、その社交スタイルそのものが、階級の壁がなくなっていく六〇年代イギリス社会の反映になっている。夫婦の友人には、ヌレエフ、ピーター・セラーズ、ヴィダル・サスーン、メアリー・クワントなど、六〇年代のロンドンの勢いを感じさせるクリエイティブな人々が多い。

また、プリンセス・マーガレットは、リゾートではヒッピー文化の流行の影響を受けたカフタンも着こなし、前衛的な一九六〇年代の流行も積極的にとりいれている。労働者階級出身のスターが活躍し、「スウィング」するファッション都市、ロンドンの最先端のスタイルを、エレガントに取り入れた反逆児であり続けた。

そんなマーガレットは今なお、スタイルアイコンとして輝く。没後五年経った二〇〇七年には、ケンジントン宮殿で「プリンセスライン―マーガレット王女の遺産―」という展覧会が開かれた。

また、二〇〇六年の春夏コレクションでは、当時、バーバリーのクリエイティブ・ディレクターであったクリストファー・ベイリーが、一九五〇年代、六〇年代のマーガレットルックにヒントを得た作品を発表した。貴族的で古典的な世界と、反抗的で大胆なテイスト。きわめてイギリス的なこの対極的な二つの世界の融合が、マーガレット・スタイルとしてクリエイターを刺激するのだ。

モード界ばかりではない。大衆的なチェーン、「トップショップ」もまた、プリンセス・マーガレットをモダンスタイルのミューズとするコレクションを展開した。二〇〇六年の春夏コレクションであるが、現在の眼でこのポスターを見ても、まったく古くなっていないことを実感する。

良きにつけ悪しきにつけ、さまざまな「前例」をつくったマーガレットの人生だったが、「王室メンバーの離婚（ロイヤル・ディボース）」を大衆に受容させたことにおいても、最初の例となった。彼女の姪や甥、すなわちエリザベス女王の子どもたち三人は、皮肉なことに、マーガレットの前例のおかげで離婚手続きをスムーズにすすめることができたのである。

姉は女王として保守的なイギリスを守る象徴となり、妹は変わりゆく時代の最先端を体現する。姉妹の対照的なライフスタイルがそろうことで、結果として、英王室は、階級の壁が崩れていく激

アムステルダムでのプリンセス・マーガレットとスノウドン伯爵（1965年）

動の時代においても、国民の心に寄り添い続けることができ、世界に対しても、人間らしい魅力を放つことができたのではないかと思う。

プリンセス・マーガレットの長男、デイヴィッド・アームストロング＝ジョーンズ（第二代スノウドン伯爵）は、現在、ラグジュアリーな家具やインテリアを取り扱うビジネスをおこなうとともに、「クリスティーズ」のチェアマンをつとめている。

（1）ＢＢＣドキュメンタリー『世界に衝撃を与えた日1　エリザベスⅡ世の戴冠とダイアナ妃の死』二〇〇二年。
（2）Obituary "Princess Margaret", The Guardian Com, 11 Feb 2002.「マーグ」はマーガレットの愛称。
（3）右に同じ。
（4）"Wayward woman", cited from Olga Craig, "Never a natural second fiddle", Telegraph.co.uk, 10 Feb 2002.
（5）右に同じ。
（6）Cited from Official Website of Historic Royal Palace. www.hrp.org.uk
（7）右に同じ。
（8）商務省とハーディー・エイミス、ノーマン・ハートネルなどの当時の有名デザイナーが協力して、資源を極限まで節約する衣料品を作り、基準をクリアした製品には Civilian Control 1941 の頭文字をデザインしたロゴマークをつけた。
（9）Richard Dennen, "How to really dress a princess: Sixty years ago, high society fell in love with Dior", dailymail.co.uk, 26 Oct 2014.

3

女王陛下の伯父エドワード8世 1894-1972 と ウォリス・シンプソン 1896-1986

二〇世紀メンズファッションとエドワード8世

二〇世紀最高のダンディとして数々の伝説を残し、二一世紀もなお、メンズファッションに多大な影響力を及ぼし続けているのが、エドワード8世（一八九四～一九七二）、後に英国王を退位してウィンザー公（Duke of Windsor）となる人である。女王エリザベス2世の伯父にあたる。

皇太子時代、国王時代、ウィンザー公爵時代を通して、この人が流行させたものの例を挙げてみる。

ウィンザー・ノットと名付けられた、太い結び目を作るタイの結び方[1]。

プリンス・オブ・ウェールズと呼ばれた、大胆な格子柄[2]。

フェアアイル・セーターを着ているエドワード8世（ランダー画，1925年）

幾何学柄をストライプ風に配した、カラフルなフェア・アイル・セーター[3]。そしてそれを、柄の異なるボトムやシャツと合わせる、パターン・オン・パターンの手法。

ブラウン・バックス（茶色のバックスキン・シューズ）をネイビーのスーツに合わせてタウンで着てしまうというような、保守的な紳士のルールを破る組み合わせ。

さらに、ベレー帽やパナマハット、ギリー・シューズなどの新しいアイテムへの、あくなき挑戦。

こうした数々の「ルール破り」とともに今なお熱く語られるダンディなのだが、保守的な装いに慣れた目を挑発するようにも見える装いは、従来の英王室メンバーにはあるまじきスタイルでもある。

エドワードの生い立ちや教育、その後の公私にわたる振る舞いを概観するに、伝統的ジェントルマンの保守的なルールを打ち破る彼のスタイルは、彼の内心の抵抗ないし何か欠落を補償するための表現だったのではないかとも見えてくることがある。

英国王室メンバーとしては前例のない、「国王の責務を放棄する」という無責任極まる振る舞いと、後世のメンズファッション関係者が讃えてやまない彼の大胆な装いとの間には、果たしてどのような関係があるのだろうか。

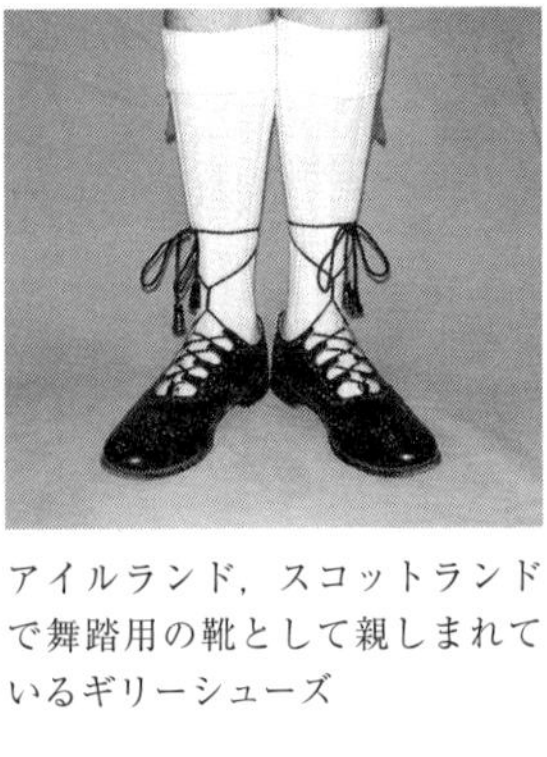

アイルランド，スコットランドで舞踏用の靴として親しまれているギリーシューズ

「コンプリート」なき前半生

エドワード８世が受けた教育を概観してみよう(4)。

一八九四年六月二三日、ジョージ５世とメアリー王妃の長子として生まれたプリンス・エドワードは、当時の上流階級の慣習にならい、乳母に育てられ、両親とはめったに会わずに育つ。幼少期は、乳母からしつけを受けているが、両親が不在のたびに身体をつねられるなどの虐待を受けている。乳母の虐待については、後に王位を兄から譲り受けることになる弟のジョージ６世を描く映画『英国王のスピーチ』の中にも痛々しく示唆される。

一三歳ごろまで自宅において家庭教師による教育を受けたのち、一三歳でオズボーン海軍兵学校に入学。同級生たちは世間知らずのプリンスに「サーディン（いわし）」というあだ名をつける。将来、プリンス・オブ・ウェールズ（Prince of Wales）という称号をもらうことになるエドワードが、ウェールズと同じ発音のクジラ（whales）とは大違いのチビという当てこすりがあった。

ここで海軍軍人となるべく受けた訓練はスパルタ式による厳しいもので、寮生活にはついぞなじめなかった。その後、ダートマスの海軍兵学校へ行くものの、同級生からいじめを受け、海軍士官としての素質はないことを自覚する。

一九一〇年、一六歳でウェールズのカナヴォン城でプリンス・オブ・ウェールズに叙勲されるが、肖像写真の目元はどこかおどおどした印象である。

この後、将来の国王として即位するための準備として、兵学校の卒業前に正式な海軍軍人としてのコースから外されている。

一九一二年、オクスフォード大学のモードレン・カレッジに入学するも、学問はそっちのけで、チューターや侍従たちと郊外へ出かけ、ゴルフや乗馬、狩猟といった遊びの技能を磨いた。結局、正式な課程で修了してはいない。

つまり、学業面においても、軍人としての訓練という側面においても、エドワードはなにひとつ、まともに「コンプリート（完遂）」していないのである。すべてにおいて中途半端なのである。

その後、王位に就いた暁にも、結局、一年足らずの三二六日間で王位を放棄してしまった。厳格だった父ジョージ5世は、「私の死後、エドワードは国王として一年持たないだろう[5]」という言葉を遺したが、その予言が的中した。

忍耐を伴う訓練や社会的な責務に関しては、最後まで何かをやりきるということが、ついぞできなかったといっていい。

得意分野は社交、ファッション、恋愛

一方、エドワードは社交やファッション、恋愛（とりわけ人妻との情事）という側面では並外れたエネルギーを発揮している。とりわけメンズファッションにおける貢献は、前述の通りである。

王位継承者が行使しなくてはならない責務よりもむしろ、美しいもの、楽しいことに価値をおくあ

り方は、いわば、主流のジェントルマン社会にとっては異端となる典型的なダンディの振る舞いである。ジェントルマン社会において守るべき服装の「ルール」をことごとく破って喝采を浴びた大胆不敵な装いは、単なる服装上の抵抗ではなかったのだと拝察する。

社交力も魅力もあったプリンス・オブ・ウェールズは、第一次世界大戦後は各国を積極的に訪問し、はにかんだような笑顔と卓越したファッションセンスで「プリンス・チャーミング」として世界中を魅了する。比類なき君主制度のＰＲマンとして、内外で圧倒的な人気者になっていくのである。

二〇年代には、各国の王女との婚約の噂《うわさ》が次々に流れたが、どれも噂どまりであった。それもそのはずで、「自信のない」エドワードが求めたのは、若くてかわいい美女ではなく、男性経験豊かな人妻ばかりだったからである。

フリーダ・ダドレー・ウォード夫人とは一四年間続く。アメリカ人のセルマ・ファーネス卿夫人とは、堂々と皇太子の別荘フォート・ベルベデーレで同棲を始めた。

そして、彼の自信のなさを補い、導いてくれるような経験豊かで強い人妻のラインナップの最後の大物として、運命の人妻、ウォリス・シンプソン（一八九六～一九八六）が現れるのである。

ウォリス・シンプソンの超絶技巧

エドワードは、関係するすべての女性に対し、母親のような役割を求めていた。ウォリスは、人生に登場するすべての男性を、ことごとく支配したがっていた。(6)

色ごとにかけては百戦練磨のそんな二人が出会い、恋に落ちる。誰もがはじめは戯《たわむ》れで終わるだろうと見ていたこの関係が、前代未聞の王室スキャンダルに発展する。

ウォリス・シンプソンは、離婚歴のあるアメリカ人の既婚女性で、一九三〇年代のソーシャライト（社交人士）である。「やせていればいるほどいいし、お金はあればあるほどいい」ということばを枕に刺繍していた彼女は、永遠のスタイルアイコンとして今も時折、ファッションメディアで特集が組まれている。

ウォリスはとびきりの美人でもなく、知的というわけでもないのに、自分を誰よりも魅力的に見せ、狙った獲物を必ず落とすテクニックにかけては天性の才能をもっていたうえ、努力も惜しまなかった。

恋多き華麗な青春時代を送り、最初の夫アール・ウィンフィールド・スペンサーと結婚するも、破局。別居中もさまざまな浮名を流すが、その間にもウォリスは男性をとりこにするテクニックを磨き続ける。その一つが中国へ行った際に娼館で学んだ中国式のベッドテクニックとされる。ウォリスが登場する映画、たとえば『英国王のスピーチ』『ウォリスとエドワード　英国王冠をかけた恋』などにはかならずこの話がもちあがる。

ウォリス・シンプソン（1936年）

二人目の夫はアーネスト・アルドリッチ・シンプソン。妻子あるユダヤ人実業家であったが、結果的にウォリスが略奪した形になった。しかし、ウォリスはやがてロンドン社交界に強い憧れを抱き、当時、エドワードの愛人であったセルマ・ファーネスに近づく。そしてほかならぬこのセルマが、エドワードにウォリスを紹介するのである。

セルマにしてみれば、信頼していた親友に「彼氏」を奪われたことになる。悪夢であっただろう。

W&E

ともにファッションリーダーでもあったウォリスとエドワードの相性は、抜群だった。ウォリスとエドワードの頭文字をとって、自らＷＥ（私たち）と呼び始めた。ウォリスはエドワードを子供のように扱い、たびたび人前で彼を叱りつける。彼はその「お礼」として、ウォリスにカルティエやヴァン・クリーフ&アーペルの宝石をふり注ぐようにプレゼントした。

公然たるＳＭプレイのような振る舞いを見せつける二人の関係に愛想をつかし、辞表を出して去った使用人は、長くエドワードを見守ってきた執事だけにはとどまらなかった。それでも、相性がぴたりと合う相手と出会える幸福に勝るものはないのであろう。ＷＥは片時も離れず、各地を旅行し、大胆にしてシックなカップル・ファッションで人々を魅了する。

そんな奔放な生活も皇太子だからこそ許されたままで。一九三六年一月、ジョージ5世が逝去すると、エドワード8世は王位に就く。ウォリスとシンプソン氏の離婚も成立する。エドワードはウォリスとの結婚を熱望するが、イギリス政府は「王妃となる人物ではない」という公式見解をとる。「王冠か、恋か」の二者択一を迫られ続けた一一か月後、ＢＢＣラジオを通してエドワード8世は退位を表明する。「愛する女性の助けと支えなしでは、国王としての重い責務を全うすることなどとうてい不可能である」と。

退位したエドワードにはウィンザー公の爵位が与えられ、一九三七年六月、二人はフランスで結婚式を挙げた。ウォリスのウェディング・アンサンブルはメインボチャーの作品。当時もっともコピーされたデザインである。イギリス王室からは、誰一人参列しなかった。

男性を支配する能力に長けていたと伝えられるウォリスだが、結婚後、自分自身のルックスや精神をコントロールするために、いっそうの努力を重ねている。「公爵は私のためにすべてをお捨てになりました。けれども私は見た目にさほど美しくありませんし、唯一私にできることは、誰よりも美しく装うことなのです。私が部屋に入り、皆が振り向いたときに、公爵が私を誇りに思うように」とはウォリスのことば。男の無意識に深く潜む願望を理解し、包み込み、美しく装って隣に添い続けるのも、またひとつの愛なのであろう。

エドワードとウォリスの結婚式（1937年）

ウォリスの膨大な宝石コレクションのなかの、あるブレスレットには、エドワードが大好きだったフレーズが刻印されている。「ホールド・タイト（強く抱きしめて）」と。彼女は当時、世界中を敵に回し、おそらくイギリスでもっとも嫌われた女性であったであろう。刻印入りのジュエリーは不安を払拭する効果を発揮したのだろうか。

国家に対する謀反すら中途半端

情容赦なく王室の内部を描くことにおいても一目おかれているネットフリックスのドラマ『ザ・クラウン』シーズン2・エピソード6は、ウィンザー公爵夫妻がイギリスに対する明らかな裏切りをおこなっていたことを暴露する衝撃の回である。

ウィンザー公の国家に対する裏切りを証明する文書、それは「マールブルク文書」と呼ばれる。一九四六年から一九五二年まで、公爵夫妻が、若い王女（エリザベス2世）を王位から外すために秘密のルートに働きかけ、自分たちが王位に復位する作戦を立てていたという事実を証明する書簡である。

この国家に対する反逆計画すら、エドワードは完遂できなかった。

というのも、その間、ウォリスがパリで不倫スキャンダルを起こすのである。詳細は、ティラ・J・マッツェオ『歴史の証人　ホテルリッツ』（東京創元社）第一七章に記されているが、アメリカ生まれのプレイボーイ、ジミー・ドナヒューとの不倫関係が、パリの社交界で知らない人がいないほどの性的なゴシップになった。

ちなみに、『ザ・クラウン』ではウォリスがさらに別の男性、駐英ドイツ大使との関係をもっていたことが描かれている。

そうした妻のスキャンダルな行状が続く状況のなかで、政治的復権を果たすための信頼を周囲から得ることは不可能に近いだろう。『ザ・クラウン』の中では、女王になったエリザベスは、自分と国家に対する謀反を企てた伯父ウィンザー公を永久にイギリスから追放する。

実際、ウィンザー公はパナマ総督となり、二度とイギリスの土を踏むことはなかった。性的に奔放すぎる女性を最優先し、負うべき義務を放棄したもののやはり王位に未練が残り、ぐずぐずしているうちに国家に対する裏切りも発覚し、二度と母国の土を踏めなくなったというわけである。

ファッション史においては「ダンディ」として輝かしく崇拝されるウィンザー公も、英王室にふさわしいジェントルマンであったかどうかという視点から見ると、優柔不断の情けない裏切り者と呼ばれても否定はできない。

後世への影響

エドワードは一九七二年に没し、その後、ウォリスも一九八六年、ひっそりとこの世を去る。没後もウォリスは宝飾界、ファッション界にニュースを提供し続けている。

一九八七年、ウォリスがエドワードから贈られた宝石は、サザビーズでオークションにかけられ、史上最高額である五一〇〇万ドルを売り上げた。売り上げは、ウォリスの遺言に従い、エイズ研究基金としてパスツール研究所に寄付された。

もとはといえば、エドワードに割り当てられたイギリス王室の歳費で購入された宝石でもある。この売上金はイギリス王室に返還すべきという議論もごく当然のように起きた。

それぞれのジュエリーにつけられた途方もない金額はさておき、ひとつひとつのジュエリーの美しさが圧巻である。

カルティエに作らせたフラミンゴやパンサーの、いまにも動き出しそうな迫力。ヴァン・クリーフ&アーペルが当時としては最高の職人技を結集して作った、「ジップ」。ジップすなわちファスナーのように開くとネックレスになり、閉じるとブレスレットとしても使えるという、高度な技巧が凝らされたハイジュエリーである。

二〇一一年にマドンナが二人の物語を『ウォリスとエドワード　英国王冠をかけた恋』という映画として制作・監督したとき、ヴァン・クリーフ&アーペルは復刻版を制作した。映画の中で、ウォリス役の女性は背中にネックレスのアクセントがくるように、セクシーに着用した。

マドンナの映画は、ジュエリー界だけでなく、ファッション界においても、ウォリス・シンプソンのブームを再燃させた。

二〇一一年一〇月、ポール・マッカートニーがナンシー・シュヴェルと結婚したときに花嫁が着用したのはステラ・マッ

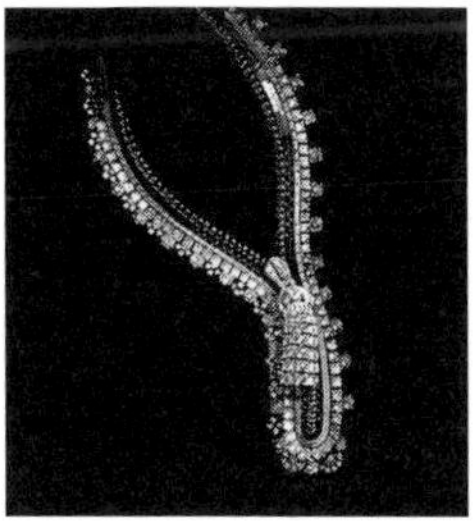

ヴァンクリーフ&アーペル「ジップ」，ウォリスのための最初のグワッシュ画（1938年頃）

カートニーのドレスだったが、これは、エドワードとウォリスが結婚した時にウォリスが着用したメインボチャーのドレスにヒントを得たデザインだった。

また、二〇一一年の冬、デザイナーのローラン・ムレは、コレクションでウォリス・シンプソンにヒントを得たドレスを発表した。ムレは、彼女の魅力を次のように語る。

「ウォリスは痛ましいくらいにセクシーだ。痛々しいセクシー。彼女が着たドレスは装飾が少ないタイトなデザインだが、官能的だ。彼女を魅力的に見せているのは、その身のこなしなんだ。香水がたちのぼるような、あるいはヴェールがふわっと動くような、ほとんどゴーストのようだ。私たちは欠点を隠し、好きなところを強調するために服を利用する。その点、ウォリスはとても優秀なファッションスクールの学徒だね」(7)

中途半端な無責任反逆男と性的に自堕落なわがまま女の自分勝手な恋愛とみるか。王冠よりも恋が選ばれた世紀の大恋愛とみるか。

光の当て方によってまったく違う風に見えてくるこの二人の恋愛は、ドレスや宝飾という美しくはかないものに形として残り、後世のクリエイターたちの尽きぬインスピレーションの源であり続けている。

（1）ウィンザー公にちなんで「ウィンザーノット」と名付けたのはアメリカ人であって、ウィンザー公が自称したわけではない。

（2）命名のきっかけになったのは、エドワード7世だが、普及に貢献したのはエドワード8世。

（3）エドワードが「プラスフォー」（ゴルフウエア）とともにフェアアイルセーターを着用し、アメリカと日本でフェアアイルセーターの需要が高まる。結果としてフェアアイル島に多大な経済効果をもたらすことになった。

（4）Phillip Ziegler, *King Edward VIII: The official biography*（NY: Alfred A. Knopf, 1991）

（5）Keith Middlemas and John Barnes, *Baldwin: A Biography*（London: Weidenfeld and Nicolson, 1969）

（6）ウォリスの伝記に関しては、Andrew Morton, *Wallis in Love: The Untold Life of the Duchess of Windsor, the Women Who Changed the Monarchy*（NY: Grand Central Publishing, 2018）

（7）Luke Leitch, "Inside Wallis Simpson's wardrobe", Telegraph.co.uk, 19 Oct 2011.

4 女王陛下の母エリザベス・バウズ＝ライアン

1900–2002

恋のために王冠が放棄されるという英国王室史に前例のない事件、「シンプソン事件」によって、王室の権威は危うくなりかけていた。

最悪の状態で王位を継承しながら、王室の権威を立て直したばかりか、国民との心の絆まで築き上げることに成功したのが、ジョージ6世とエリザベス・バウズ＝ライアン（一九〇〇〜二〇〇二）のカップルである。エリザベス女王の両親である。女王の母、すなわち皇太后は「クイーンマザー」とも呼ばれ、慕われた。

三度目の正直

華やかで人気者だったエドワード8世とは対照的に、弟のヨーク公ジョージは、内気で、吃音《きつおん》症状があり、足にも障害があり、ギプスを使っていた。

エリザベス・バウズ＝ライアンは一四世紀にさかのぼるスコットランドの名門バウズ・ライアン伯爵家のプリンセスとして誕生。生まれた家グラミス城はシェークスピアが『マクベス』を書くときにモデルとした家である。

内気だったとはいえ、ジョージは、自分を幸せにできる女性はこの人だけと見初めた五歳下のエリザベスに、一九二〇年の秋、求婚した。しかし、一度目のプロポーズは失敗に終わる。粘り強かったジョージはあきらめず、一九二三年一月、二年越し、三度目の求婚を成功させる。[1]四月二六日、ヨーク公アルバート王子とレディ・エリザベス・バウズ＝ライアンは結婚式を挙げる。一九二六年四月二一日女子誕生。のちのエリザベス2世である。一九三〇年八月二一日、マーガレット王女も誕生。幸せな家庭を着々と築いていた。

ヨーロッパでもっとも危険な女

結婚一四年目の一九三六年一二月、ＢＢＣのラジオが世界を揺るがす。

「愛する女性の助けと支持が得られないなら……」。

即位一一か月の兄エドワード8世は、王冠を捨て、恋を選んだ。弟はジョージ6世として即位を余儀なくされ、エリザベスは英国王妃となる。

不測の事態にジョージは「これはひどいよ、私は英国王になる用意も訓練もしていなかった」と泣いたという。王妃の地位がまわってきてしまった妻のエリザベスにしても、用意

クイーンマザーの肖像（リチャード・ストーン画，1986年）

も訓練もなかったはずである。

しかし、エリザベスは、陽気なふんわりとした外見の下に、芯の強さと行動力を備えていた。言語障害でスピーチ下手、内気なジョージのために内助の功を発揮する。

言語障害の専門家、ライオネル・ローグの特訓に王妃がつきそって通い、夫を変身させるのである。この結果、新国王としてのスピーチは大成功する。(2) 信じたことを頑なに貫き通すタイプという点では、ジョージとエリザベスは似た者同士といえる。

腹の据わったふたりの頑固さは、第二次世界大戦中、ロンドンがドイツ軍の激しい空襲下に置かれるという危機的状況においても発揮された。

ジョージ6世とエリザベス・バウズ＝ライアンの結婚式（1923年）

疎開を勧める側近の助言を退け、エリザベスは決意を表明する。

「子供たちは私のもとを離れません。私は国王陛下のもとを離れません。そして国王陛下はロンドンをお離れになりません」。

バッキンガム宮殿も爆撃されたが、エリザベスは「爆撃されてよかったわ。おかげで（すでに被爆した）イーストエンドの人々に顔向けできるというものです」とコメントしている。

王と王妃は瓦礫《がれき》と化したロンドンを激励して回る。ジョージ6世と王妃の、疎開もせず国民と苦労を共にする姿勢は、新しい王室のあり方を示した。困難において国民と共に踏みとどまったジョージ6世のファミリーは、ファシズムと闘う国民の決意の象徴ともなり、英王室は国民との距離を着実に縮めたのである。

空爆に動じず、英国の士気を高めたエリザベス王妃を、ヒトラーは「ヨーロッパでもっとも危険な女」と呼んだ。

古典的優雅と愛嬌とタフネス

エリザベス王妃の頑固さは、ファッションにおいてもあらわれる。世の流行には無頓着。時代遅れであろうと自分の気に入った服しか袖を通そうとしなかった。

夫である国王は、そんな妻に似会うのはヴィンターハルター(3)の肖像画に描かれるような、ヴィクトリア朝風のロマンティックな服であろうと見抜き、デザイナーのノーマン・ハートネルに、古典的優雅さを再現したドレスをデザインするように指示する。

ハートネルは期待に応え、王妃らしい気品と貫禄にあふれる

カナダ訪問時のジョージ6世とエリザベス・バウズ＝ライアン（1939年）

ドレスを作る。

それがいつしか王妃の人柄の魅力、とりわけ群衆に挨拶するときに手首から先をくるくると回す愛らしい仕草の魅力とあいまって、誰もが認める個性となっていった。とりわけ、ソフトな色の生地を長めのスカートに仕立て、フォックスの毛皮をトリミングに使ったデザイン、顔の輪郭から少しだけ離した帽子、三連の大粒真珠のネックレスは、王妃のトレードマークとなる。彼女の個性と魅力を理解した、夫のジョージ6世の慧眼《けいがん》の賜物である。

晩年のクイーンマザー

強い家族愛で英王室を支え、危機のさなかに国民との絆《きずな》を築く度はずれたタフネスを備えながら、あふれる愛嬌で人々を魅了してやまなかったエリザベス王妃。その人気は、一〇一歳で没した後もなお、歴代のイギリス王室のメンバーのなかでも、ずばぬけて高い。

（1）William Shawcross, *Queen Elizabeth The Queen Mother: The Official Biography* (Pan MacMillan, 2009)
（2）このエピソードが、アカデミー賞作品賞はじめ四部門を受賞した映画『英国王のスピーチ』の軸となる。
（3）一九世紀中葉の王族貴族の肖像画で知られる。宮廷肖像画の代表的存在。

第Ⅱ部　ヴィクトリア女王とアルバート公、その長男をめぐる物語

1 ヴィクトリア女王 1819–1901 とアルバート公 1819–61

一八歳で女王に即位し、八二歳で没するまでに、「日の沈むことなきイギリス帝国」を築き上げた、ヴィクトリア女王（一八一九〜一九〇一、英国女王一八三七〜一九〇一）。在位六四年間にわたるその影響力の一部は、「ヴィクトリアニズム」とも呼ばれ、現代の私たちにも、陰に陽に及んでいる。英語が公用語となり、スーツが男の「制服」となっているのは、まさにヴィクトリアの時代に、イギリス帝国の植民地が世界に拡大したからにほかならない。言葉と衣服は思想（ヴィクトリアニズム）を内包して、世界に広まったのである。

白いウェディングドレスでの結婚

ヴィクトリアの父エドワードはジョージ3世の第四王子。五〇歳を過ぎてからドイツから正妃を迎え、ヴィクトリアが生まれた。しかし、ヴィクトリア生後八か月のときにエドワードは病死した[1]。

後のヴィクトリアの男性との関係には、父の記憶をもたないということが大きな影を落としているようにも見える。信頼を置いた男性にはとことん依存するのである。幼少時に享受できなかった父からの愛情の埋め合わせをするかのように。

ヴィクトリアがハノーヴァー朝では初めての女王として即位したのは一八歳のときであった。その前の王たち（ウィリアム4世、ジョージ4世、ジョージ3世、ジョージ2世、ジョージ1世）があまりにも放埒《ほうらつ》だったり情けなかったりスキャンダラスであったりしたこともあり、イギリス国民は初々しい女王の誕生を歓迎する。

しかし、ヴィクトリアは、自分を支配しようとした母からの自立を果たしたものの、ホイッグ党の首相メルバーン子爵(2)に全幅の信頼をおき、周囲が呆れるほど執着する(3)。

メルバーン子爵から心を切り離す契機になったのは、アルバート公（一八一九〜六一）の登場である。

一九三九年、ベルギー王である叔父レオポルド1世が、ザクセン＝コーブルク＝ゴーダ家のアルバートをバッキンガム宮殿に差し向ける。すでに一度会ってはいたが、美青年として成長した二一歳のアルバートに、今回はひとめぼれした。プロトコールに従い、女王のヴィクトリアが自ら求婚して、その四か月後に結婚式を挙げた。

ヴィクトリアが着用したのは、クリームがかった白いシルクサテンのドレスで、イングランドのデヴォン地方で作られたホニトンレース(4)がふんだんにあしらわれていた。ドレスのトレーンは五・五メートル。

ティアラの代わりに、頭部に飾ったのは、豊饒のシンボルであるオレンジの花のリース。

ジュエリーとして着用しているのは、ダイヤモンドイヤリングとネックレス、そしてアルバート公から贈られたサファイアのブローチである。

このウェディングドレスがその後の社会に与えた影響は、多大だった。「白いウェディングドレス」を世界的に流行させることになったのだから。

実はヴィクトリア女王の婚礼以前、ヨーロッパにおけるウェディングドレスは白というわけではなかった。一五五九年に、スコットランド女王メアリーが、フランスのフランシス・ドーフィンと結婚する際に白を着用したことを除けば、他の多くの王族・貴族の結婚式で着用されるドレスにおいては、金糸・銀糸を多用し豪華に刺繍された服地が使われていた。色も赤を筆頭に、ブルー、黄色などさまざまである。

ヴィクトリア女王（フランツ・ヴィンターハルター画，1847年）

ヴィクトリアの白い婚礼ドレスは、前代までの君主のイメージを刷新して清らかにする効果をもたらした。同時に「白」のイメージが富と社会的地位と結びつき、ヨーロッパ中の貴族ばかりか中産階級の結婚式においても模倣され、やがてアメリカの女性誌[5]が「白は乙女の無垢《むく》や純粋さを表現する」という意味を持たせて白いドレスの慣習を確認するまでになり、ウェディングドレスに「白」を着ることが「伝統」として普及していった。

さらに、ホニトンレースを英王室の儀式でこのようにふんだんに使うことは、イギリスの伝統レース産業の保護・発展に貢献することにつながった。

円満なる理想の家庭の良妻賢母

ヴィクトリア女王とアルバート公は、それまでの英国君主の夫婦にしては珍しく、きわめて夫婦仲がよく、よき家庭を築いた。

女王は九人の子を産み、常に妊娠状態にあったので「Queen Regnant（女王が統治する）」ならぬ「Queen Pregnant（女王が妊娠している）」とも揶揄《やゆ》された。九人の子どもの育児のために、宮殿には育児室が設けられた。

育児と執務に多忙な妻を、アルバート公は、大切にし、愛人を持つ真似などせず、献身的に妻の仕事の補助をおこなった。女王もまた、常にアルバート公を「夫」として立てることを心がけることで、円満な夫婦仲は保たれていた。

ちなみに、英国でクリスマスにツリーを飾る習慣

ヴィクトリア女王の家族（フランツ・ヴィンターハルター画，1846年）

は、この夫妻に始まる。ツリーを飾るのはドイツの習慣だったが、ヴィクトリアが夫のためにその習慣をイギリスにもちこんだ。ロイヤルファミリーがツリーのもとに集い、幸せそうにクリスマスを祝う写真や版画が世の中に流通することで、こうした習慣が広まることになった。

愛ある理想の結婚と子宝に恵まれた円満な家庭。良妻賢母と献身的に家族を守る夫。そんなロマンティック・ラブ&ハッピー・ファミリーのイデオロギーをイギリス王室が模範として体現し、そのような道徳観や行動規範は、「ヴィクトリアニズム」のひとつとして、植民地の拡大とともに世界に広まることになる。

勤勉の証、アルバート・チェーン

女王の夫としてのアルバート公は「プリンス・コンソート（Prince Consort，女王の配偶者）」という、権力も義務もほとんどない肩書きを与えられた。アルバートはふてくされることなく、自分の役割は王室に財政面で貢献することとわきまえ、宮廷における無駄を徹底的に排除した。

金銭の浪費だけではなく、時間の浪費に対しても厳格で、アルバート公は常に懐中時計を見ながら時間を大切にしたと伝えられる。現在、懐中時計とウエストコートのボタンホールをつなぐチェーンは「アルバート・チェーン」と呼ばれているが、時間を大切にしたアルバート公にちなんで命名されたものである。ちなみに、最初に鉄道の時刻表が発表されたのが一九三九年。産業革命の進行とともに、「時間」に対する共通感覚をもつことの重要性も高まっていた時代だった。

アルバートは優秀な財政能力・時間管理能力を発揮したばかりでなく、学問や芸術も好んだ。その資質を生かして、世界初の万国博覧会をプロモーターとして成功に導いている。一八五一年に開かれたロンドン万博は、産業革命の成果とモダンデザインが融合した一九世紀を代表する大博覧会となり、五か月で延べ六〇〇万人の来場者を集めてイギリスの栄光を世界に見せつけた。

現在、ロンドンを訪れる人を楽しませる音楽の殿堂であるロイヤル・アルバート・ホールや、質の高い美術品のコレクションを誇るヴィクトリア&アルバート・ミュージアムは、学芸を好んだアルバートをしのばせるレガシーともなっている。

リスペクタビリティと婉曲な表現

君主の気質は国民全体の心のモードに色濃く影響を及ぼす。

模範的な君主夫妻のもと、産業革命は進み、植民地は拡大し、進歩・発展が信じられるような社会的ムードが醸成されていく。選挙制度の改正にともない中産階級が支配層に入りこみ、円満な家庭を築き、謹厳に働き、慎み深く振る舞うことが美徳であるという社会通念が形成さ

アルバート・チェーンを付けたウィンストン・チャーチル（1943年）

れていく。リスペクタブルな（尊敬に値する）世間体を保つことが、重要視されるようになる。

当時のリスペクタビリティ（尊敬に値する上品さ）がどのようなものであったかを示す例として、「leg（足）」ということばが禁句であったことが挙げられる。女性の足は人目にふれてはいけないものであり、それを連想させることばが禁句となったばかりでなく、ピアノの脚にまでカバーがかけられた。代わりに何と表現するのかといえば、「limb（四肢）」である。解剖学的な用語で代用する、婉曲語法である。

タブー語を婉曲に言い換えるという想像力の習慣は、ロマンティックなことばも生む。花ことばである。はっきりと口に出すことがタブーとされることばを代弁するボキャブラリーとして、花が選ばれるわけである。赤いバラは情熱、白いバラは純潔、蘭《らん》は愛情、など、単語（花）を組み合わせて花束に語らせ、思いを届ける習慣がこうして生まれた。

クリノリンの光と闇

リスペクタビリティの表現のなかでも最たるものが、クリノリンに象徴される女性の装いである。クリノリンとは、女性のスカートを拡張する装置である。

当時の西洋の女性は、コルセットで胴体を締め上げ、その上からクリノリンを装着し、スカートを円錐状に広げていた。ファッションの常として、拡大傾向に拍車がかかり、もっとも大きく広がった時のスカートの周囲は四メートルであったと伝えられている。

「足」などあたかも存在しないかのように覆い隠されている、慎み深さの表現。リスペクタブルで「女性らしい」服装であると表向きにはみなされていた。

もちろん、多くのファッションの奥には性的誘惑のニュアンスが隠されているものであり、コルセット＋クリノリンの組み合わせも例外ではなかった。男性が女性のほっそりとした腰に手をまわそうとしてもスカートが邪魔して届かない、誘いながら拒絶する（のが魅力的である）、ゴールまでやや距離がある（のがよい）という、どちらかといえば上品な誘惑装置というニュアンスも隠しもっていた。

しかし、想像できるとおり、これは物理的に危険な装いであった。乗合馬車の乗降時に転倒したりする事故や、ろうそくの灯が裾《すそ》について火傷をしたりという負傷が絶えなかった。当時はまだ電気など存在せず、照明は基本的にろうそくに頼っていたのである。

また、不慮の妊娠を隠すためにも重宝したり、店頭で万引きをした品を隠したりするのにも便利であったりしたらしいが、そうなるといったいどこが「リスペクタブル」なのか、まったく意味がわからない。

リスペクタビリティの象徴とされたクリノリンは、あらゆる意味で陰の部分をもつ、二面性のあるアイテムだったのである。

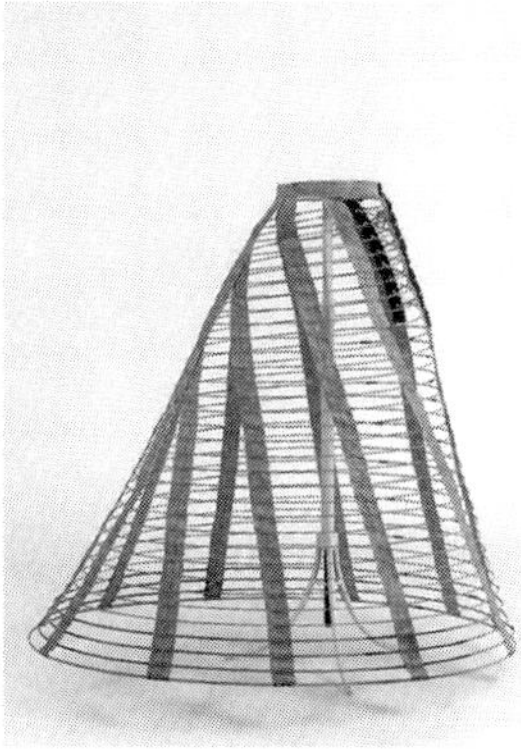

クリノリン（1860-70年）

リスペクタビリティとドレスコード

女性がコルセットとクリノリンで四苦八苦する一方、男性の服装にはドレスコードというシステムが生まれていた。ドレスコードもまた、「リスペクタビリティ」を重んじる時代の必然から生まれたものだった。

ヴィクトリア女王は産業を奨励し、地方で成功した新興の資本家にも「ナイト」（一代貴族）の称号を与え、彼らが支配階級（＝ジェントルマン階級）として仕事を推進しやすくなるような後押しをした。

古くからのジェントルマン階級、そして新興産業資本家たち。かれらが互いの出自を気にすることなく社交や仕事を円滑《えんかつ》に推し進めることができるよう、生み出された合理的なシステムこそ、ドレスコードである。

一八六〇年前後に男性のドレスコードとして定められたのは次のような服装である。

昼間の正装としてフロックコート。

昼間の準礼装として、モーニングコート。これはフロックコートの前を切り落としたタイプの上着を特徴とする。

そして夜の正装としてイブニングドレスコート。ホワイトタイと共に着用される燕尾服《えんびふく》のことである。(6)

三種の堅苦しいスーツを脱ぎ、ラウンジでくつろぐために着用されたのがラウンジスーツである。ちなみに、ウエスト部分に切り替えのない、この着心地のいいラウンジスーツこそが、形の上で、現在のスーツの祖先となっている。現在、世界中で制服のように着られている男性の標準服であるスーツの祖先が、実は、ラウンジでくつろぐための服だったというのはなんとも皮肉なことである。とはいえ、ファッションの歴史は常に皮肉な発展に彩られているものだが。

かくして大量発生した「ジェントルマン」たちは、世界中どこへ行こうとこの服装規範を守り、「紳士の服装」のシステムを世界に広めていくことになる。

明治初期の日本政府が採用しようとした服制もまさにこのシステムであった。明治五年（一八七二）、明治新政府によって、それまでの衣冠直垂《いかんひたたれ》に代わり、通常礼服として燕尾服が、通常服としてフロックコートが、制定される。

しかし、多くの官吏にとって燕尾服の調達は困難で、当時は仕立て屋も不足していたうえに、時間で着分けるという概念も風土にそぐわず、時間を問わずフロックコートが礼服として「換用」されていくことになる。ちなみに「礼服」には、「天皇に拝謁する際の装束」という意味が潜む。やがて天皇巡幸などの国家行事参加者への服装規定として、西洋の慣習や流行を無視した、日本独自の男子の礼装としてフロックコートが定着していく。

また、明治政府は、皇室の女性にのみ西洋に倣った規定を定めたが、一般の女性にはとくに服装規定を定めなかった。一般の女性は、洋装の皇族に遠慮するような形で自主規制をおこない、横並びの

「白襟紋付」の着物に落ち着いていく(7)。

一方、同時代の西洋の女性は、制服のように横並びを保つドレスコードを遵守する男性の財力を示すための存在となり、華やかさを競い合うことになる。男性が稼ぐ人であり女性が使う人である、というジェンダーの役割が、視覚的にもっとも明瞭になったのは、ヴィクトリア時代である。

リスペクタビリティの表と裏

二面性をもったのは、クリノリンばかりではない。

支配者層がイギリス帝国の栄華を誇る一方、労働者階級との格差は広がる一方であった。労働者階級の生活の困窮ぶりは、ディケンズの数々の小説に生々しく描かれている。

また、上流社会では女性に厳しく貞節が求められる一方、男性には性的な自由がある程度認められているというダブルスタンダードが暗黙裡にあり、ロンドンの通りには売春婦があふれていた。「切り裂きジャック」がロンドンの売春婦を惨殺してまわったのは一八八八年。犯人はいまだに誰かわかっていない。

スティーブンソンが『ジキル博士とハイド氏』を書いたのは一八八六年。表の顔はリスペクタブルなジェントルマン、そして裏の顔はまったくの別人……という人物設定は、あながち、完全なる虚構ではないのであろう。

また、「顧問探偵」シャーロック・ホームズが誕生するのも、一八八七年、まさにこの時代。猟奇的事件を合理的な推理によって解決しながら、阿片《アヘン》に耽溺《たんでき》したりする奇人天才探偵の生活ぶりは、当時の社会のムードの一端をうかがわせる。

喪のファッション

さて、話をヴィクトリア女王に戻そう。

一八六一年、結婚以来二一年間にわたり、よき相談相手でもあったアルバート公が腸チフスであっけなく逝去する。四二歳の若さだった。原因になったのは長男のバーティーことエドワード王子だったとも伝えられる。

謹厳な両親には似ても似つかず、遊び好きで艶福家《えんぷくか》、派手な取り巻きに囲まれていたエドワード王子は、しばしば問題を起こしており、ケンブリッジの学生だったこの時にも女優との関係をめぐるゴシップで王室の品位は危機にさらされかけていた。責任感の強い父であるアルバート公は、無理を押して寒中、ケンブリッジまで出かけていき、そこから帰ったあと発熱して急逝したのだった(8)。

九人の子をもつ未亡人となったヴィクトリア女王は、その後も長男エドワードを許すことなく、母子の不仲は、ヴィクトリアが亡くなるまで続いた。

最愛の夫を亡くした女王のショックは大きく、葬儀後も、長きにわたって喪に服した。黒い喪服に身をつつみ、公の場に姿を現すことはなくなった。ロンドンからもウィンザーからも遠ざかり、アルバート公が設計した離宮オズボーンハウス(9)と、スコットランドのバルモラル城を行き来して悲しみに

喪服姿のヴィクトリア女王

19世紀のジェット
ブローチ

喪のヘア・ジュエリー

沈んでいた。

黒い喪服とともに着けられる喪のジュエリーとして、ジェットがある。古代の流木が炭化したものが原材料であるが、抑制のある光沢が喪にふさわしく、ヴィクトリア女王が着用していたことで、一般にも広く流行するようになった。

女王はまた、アルバート公のミニチュア肖像画をおさめたロケットも身に着けていたが、そのように故人を忍ぶためのジュエリーもヴィクトリアン・ジュエリーには多い。

有名なもののなかには、「ヘア・ジュエリー」もある。故人の髪を編んでブローチやブレスレットを作るのである。愛する人の髪で作ったヘア・ジュエリーは、精巧に作られていればいるほど、現代の感覚から見ると不気味にすら見えるのだが。

ミセス・ブラウン

最初のころは同情していた国民も、さすがに服喪が二年以上もつづくと、批判しはじめた。批判の引き金になったのは、女王が頼りにした一人のスコットランド男性である。ハイランド出身の男の名は、ジョン・ブラウン。ヴィクトリア女王が夏の避暑地としたバルモラル城の使用人で、主に馬の世話をしていた。ブラウンは、メルバーン卿、アルバート公に通じる女王の

バルモラル城

ヴィクトリア女王とジョン・ブラウン（1863年）

好みのタイプ、背の高い、セクシーな魅力をもつ頼もしい男性である。

かねてより顔見知りではあったが、アルバート公が亡くなってから三年ほど経過するころから二人は親しくなり、女王は高給でブラウンを遇し、女王付きとした。その後の寵愛ぶりは、周囲を困惑させるほどであったという。ブラウンとともに描かせた肖像画も多数残しているばかりでなく、ブラウンの等身大の銅像まで作らせているのは、あきらかに普通ではない事態である。

この二人の関係を描く映画『クイーン・ヴィクトリア　至上の恋』（ジョン・マッデン監督。原題は *Mrs. Brown*, 一九九七年）がある。友情なのかラブロマンスなのかスキャンダルなのか、そのいずれか一つでというわけではなく、でもなお三つすべてでもあるような、おそらく周囲が遠慮してはっきりとラブロマンスとは言えなかったであろう二人の関係を、ジュディ・デンチとビリー・コノリーが絶妙のさじ加減で演じる。

なまりの強いスコットランド英語で、階級制度の縛りなど無頓着に、率直にものを言う、たくましい身体をもつ臣下。自分を「女王」としてよりもむしろ、一人の女性として扱ったブラウンに、ヴィクトリアの笑顔も次第に戻り、ブラウンとともに、スコットランド内を巡幸するまでになる。本人が意識しようとしまいと、恋の力が働いていることは否めない。

さて、ジョン・ブラウンを片時もそばから離さなくなったヴィクトリア女王は、なんと彼をロンドンにも連れて行った。宮廷馬車が暴漢に襲われた時には、ブラウンは身を挺して女王を守った。女王は彼に特別褒章のほか、エスクワイア（ナイト爵に次ぐ称号）の称号まで与えた。

ウィンザー城にブラウンの私室まで与えたヴィクトリア女王を、大衆が「ミセス・ブラウン」と揶揄するのも不思議ではなかっただろう。

そんなブラウンも五六歳で病死する。

ヴィクトリアはまた心のよりどころとなる男性を失った。ウィンザー城のブラウンの私室は、生前のまま、保たれた。大勢の子どもや孫たちも、女王の一人の女性としての心の欠落を埋めることはできなかったようである。

タータンとヴィクトリア女王

ヴィクトリア女王とスコットランドとの深い関係は、その後のイギリスファッションにも影響を及ぼしている。

タータン・チェックとして知られる、英国服飾製品に多用される格子柄である。

タータンは、もとはスコットランドのハイランド地方（北部または西部の山脈の多い地域）の氏族を表す柄であった(10)。

一七四六年、ハイランドを中心とする反乱が、イングランド軍によって鎮圧されると、英国政府は、タータンの着用を法律によって禁止した。法律は一七八二年に撤廃されたが、ハイランドでのタータンは絶滅しつつあった。

そのような状況のなか、一八世紀末から一九世紀初頭にかけてロマン主義が起き、ハイランドの歴史と文化も見直されることになる。ハイランダーは「高貴な未開人（noble savage）」となり、ハイランドブームが起きる。

さらに、「ヨーロッパ一のジェントルマン」にしてボー・ブランメルとダンディ王の地位を争ったジョージ4世が、一八二二年、エディンバラ訪問式典で自らタータンを着用したばかりか、全員にタータン着用を命じたことで、タータンは復活を遂げる。氏族（クラン）を表すタータンというコンセプトも、関連本が出版されて広まっていく。一八三一年にジェームズ・ローガンが著した『ザ・スコッティッシュ・ゲール』により、氏族を表すタータンが続々と考案されたのを筆頭に、タータンに関する書物が出版され、ロマンティックになったタータンのブームに、中部の低地であるローランド地方まで便乗した。

ジョージ4世の姪にあたるヴィクトリア女王とアルバート公は、一八四八年にバルモラル城を購入して「スコッツ・バロニアル」様式で改築、以後、スコットランドに頻繁に訪れ、タータンも自らデザインする。ヴィクトリア・タータン、アルバート・タータン、バルモラル・タータンなど。(11)

ロイヤルファミリーがこのようにタータンを筆頭とするハイランド趣味に嵩じたこともあいまって、タータンはイギリス全土に流行した。ウール・カシミヤ製品、防水コートのライナーなど多くの服飾品にタータンが使われ、ヴィクトリア女王がそれらに王室御用達のお墨付きを与え、「英国らしい柄」として世界へ広まることになった。

パクス・ブリタニカ

九人の子どもに恵まれ、三四人の孫が生まれ、そのうちの二六人がヨーロッパのどこかの王室に嫁いだことで、ヴィクトリア女王は「ヨーロッパのおばあさま」と呼ばれた。おばあさまが健在なうちはイギリスと戦争などできない、ということでヨーロッパはなんとか平和を保っていた。パクス・ブリタニカ（イギリス帝国による世界平和）である。

しかしこの表面的な平和の影にも、残虐、あるいは卑劣な植民地支配があった。

一九〇一年、女王がオズボーン城で崩御すると、ヨーロッパは途端にきな臭くなっていくのである。

在位六四年もの長きにわたるヴィクトリア女王が、パクス・ブリタニカの勢いとともに世界のファッション文化にもたらしたものは数知れない。

その最たるものが男性のスーツであり、それが内包する「ジェントルマン」理念であり、ジェントルマンに必須とされたドレスコードの知識をはじめとする多様なジェントルマン文化である。

また、ヴィクトリア女王が世に広めた白いウェディングドレスと、夫亡きあとに着用を続けた黒い喪服は、一人の男性への愛を一生貫くというロマンティック・ラブ幻想の視覚的なシンボルとなった。

ヴィクトリア時代に由来する「すてきなイギリス」的イメージ、そのそれぞれに複雑な闇があり、語られない陰の部分がひそむ。一面的でないゆえにいっそう、後代の人々の想像力を刺激し続ける。

ヴィクトリアのレガシーから、私たちは今なお大きな影響を受けている。

（1）　ヴィクトリア女王の伝記に関しては、Christopher Hibbert, *Queen Victoria: A Personal History* (London: Harper Collins, 2000)

（2）　メルバーン子爵はこのころ五〇代後半であるが、三〇代のころの妻だったキャロラインは、詩人のバイロン卿と不倫スキャンダルを起こした。キャロラインとは後に離婚している。メルバーン子爵本人も、別の女性関係で二度訴えられている。

（3）　議会が新首相としてトーリー党のピールを選ぶと、ピールが選んだ女官が嫌いだという理由で、ヴィクトリアは首相交代を阻止している。議会は女王の意向を汲み、メルバーン内閣をさらに二年延命させる羽目になった。このような政治干渉によってヴィクトリアの人気は落ち、「メルバーン夫人」と陰口をたたかれた。

（4）　ホニトンレースとは、イングランドデヴォン地方で作られたボビンレースのこと。ホニトンは町の名前。ボビンレースとは、織りの技法を用いたレースのこと。ヴィクトリア女王の結婚式に際し、ホニトンレースのドレスとヴェールが作られたが、これは、二〇〇人以上の熟練技術者が七か月かけて制作した。英王室に伝わる洗礼式の衣裳もホニトンレースで作られている。

（5）　アメリカのフィラデルフィアで一八三〇年から一八七八年まで発行された女性向け月刊誌『ゴーディス・レディース・ブック』。一八六〇年には一五万部発行し、同誌は「月刊誌の女王」と称していた。ヴィクトリア女王の婚礼からおよそ一〇年後、同誌はこのように書く。「素材は何であるにせよ花嫁が白を着る慣例はすぐに確立された。それは乙女の純粋さ、無垢、そして、結婚する相手として選ばれた一人にだけ与える穢れ無き心の象徴なのである」（『ワシントンポスト』二〇一一年四月二九日）。

（6）　燕尾服と混同されがちな礼服にタキシードがある。タキシードは一八八〇年代に、アメリカの「タキシード・パーク」で生まれた。「タキシード・クラブ」の会合にロリラード4世が燕尾なしのカジュアルな上着で現れたのが起源とされる。新しい男性服のスタンダードは常に鮮烈なドレスコード破りによって生まれる。くつろいだ雰囲気を醸し出す礼装であり、現在のドレスコードでは夜間の準礼装とされている。「ブラックタイ」と指定があるときには、タキシードを着用する。イギリスではこれをディナージャケットと呼ぶ。

（7）この経緯は、小山直子『フロックコートと羽織袴』（勁草書房、二〇一六年）に詳しい。現在、結婚披露宴などで仲人や新郎新婦の両親がモーニングと留袖という和洋混合スタイルを着用しているのも、この明治新政府の服装規定の名残りであることがわかる。

（8）Hermione Hobhouse, *Prince Albert: His Life and Work* (London: Hamish Hamilton, 1983)

（9）ワイト島にある離宮で、ヴィクトリア女王とアルバート公のために建てられた。ヴィクトリアは未亡人となってからも思い出の地であるここで過ごすことが多く、ゆえに長男のエドワードはこの離宮を敬遠したようで、一九〇一年、ヴィクトリア女王が崩御したとき、エドワードはこれを国に寄付した。現在はイングリッシュ・ヘリテージが所有する。

（10）タータンに関しては、"Introduction to Tartan", Scottish Tartans Museum.

（11）バルモラル・タータンは、アルバート公がデザインした。ロイヤルファミリーのみ着用が許される。

コラム

究極の「ブランドロゴ」、ロイヤルワラント

「王室御用達証」は、究極のブランドロゴマーク

御用達とは、宮中、あるいは公権力に物品などを納めることである。ロイヤルファミリーに物品やサービスを提供する「王室御用達業者」と認定されると、通常、ロイヤルワラント（王室御用達認定証）を与えられ、王家、あるいは王室メンバーの紋章を冠した御用達紋を、看板やパッケージなどにつけることができる。

現在、王室をもつほとんどの国々にこの制度がある。ヨーロッパではイギリスを筆頭に、ベルギー、オランダ、スウェーデン、スペイン、デンマーク、ノルウェー、中東・アジアではタイ、ヨルダン、ネパールなど。また公国ではモナコ。制度の詳細は国によって異なるが、許可されると御用達業者であることを名乗ることができるという点では、ほぼ一致している。

興味深いのは、すでに王室がなくなってしまったフランス、イタリア、オーストリア＝ハンガリー、ロシア、ルーマニア、ポルトガルなどでも、「王室御用達」（であったこと）をうたう業者や製品が今

なお存在することである。「王室御用達」が、いかに高い宣伝効果を発揮するかという証である。

本物のセレブリティーたるロイヤルファミリーのお墨付きを得ることは、製品の品質を保証し、業者の信用を高めることにつながるのである。

ちなみに日本では、宮内庁御用達制度が明治二四年（一八九一）に誕生していたが、第二次世界大戦後、制度は廃止された。だが、今なお「宮内庁御用達」と書かれた看板を目にすることがある。これは、制度の名残りとして黙認されている表示だそうである。それを掲げてしまう理由は、いまだに「旧フランス王国御用達」を名乗り続ける理由と、あまり変わらない。人は「王家」「宮家」のご愛用品と聞くとそれだけで製品に信を置くばかりでなく、美しい幻想のオブラートをかけて見てしまうことがあるらしい。権力は疎まれるが権威は好まれるのだ。ロイヤルワラントは、究極のブランドロゴマークでもある。

英国の王室御用達制度、その英国らしさ

王室御用達制度をもっとも早く取り入れた国であり、御用達業者が圧倒的に多いのが、ほかならぬイギリスである。

一一五五年、ヘンリー2世によって、同業者組合に対してロイヤルチャーター（国王勅許状）が与えられたのが最古の記録として残る。一九世紀にはヴィクトリア女王が二〇〇〇のロイヤルワラントを認定したこともあったが、現在のウィンザー家は商品点数にして一〇〇〇を超えるワラントを出し

ている。(注)

イギリスが飛躍的な経済発展を果たしたヴィクトリア女王時代に二〇〇〇という膨大な数のワラントが認定されたことからもわかるように、ロイヤルワラントは、自国の産業の奨励、伝統技術の継承と結びついている。

たとえば日本においても、宮内庁御用達の制度が誕生したときの背景には、富国強兵政策の一環としての、商工業技術の奨励という目的があった。鮫島敦著『これが宮内庁御用達　こだわりの名品50』によれば、「生活の洋風化に合わせ需要が高まってきた洋服や靴などの技術養成を図るとともに、日本の伝統文化や技術の水準を維持するという狙いがあった」という。

ただ、英国の王室御用達制度においては、独自の制度として留意しておきたいことがある。英国王室御用達に認定された品やサービスは、王室メンバーの個人的な好み、という一面を持つという点である。

ロイヤルワラントは、「By appointment to ○○」=「○○に選ばれた」というフレーズで始まるが、○○にあてはまるのは、現在、三人の個人、すなわち、エリザベス女王と、その夫君エディンバラ公、そしてチャールズ皇太子である。それぞれのメンバーから認定を受けると、それぞれの紋章（ロイヤルアームズ）を表示することが許される。したがって、現在、三種類の認定証がある。

英国の王室御用達制度は、元来、君主への私的な商品提供やサービスに対する感謝の印として始まった。国家への公的な貢献に対する褒美《ほうび》としては、勲章がある。勲章はあげられないけど、感謝を表し、公認の栄誉を与えたい。その気持ちの表れが御用達紋というわけである。

メンバーが私的に使う商品とはすなわち、王室行事に着用する壮麗な衣裳や贅沢品から、トイレットペーパー、調味料、サプリメント、歯磨きペースト、園芸用の土にいたる日用品まであるわけなので、認定される品目は幅広い。一〇〇〇を超えるのも納得がいく。

このように王室メンバーの個人的な好みの証という性格をもつので、実は英国人は、御用達証に対し、少なくとも、外国人である私たちほどには、特別な意識を向けていない。女王の好みは女王の好み、自分とは違う。自分も使ってみたい、ということにはならない。それが英国人気質である。また、ワラントを受けるブランド側の姿勢も多様である。王室御用達であるにもかかわらず、王家の紋章を冠するロイヤルワラント（御用達認定証）を表示するのはクールではないと判断し、あえて表示しないブランドもいくつかある。「プリングル・オブ・スコットランド」のニット製品などもそうである。

だからといって、王室御用達品と国民の距離が遠いのかといえばそうではなく、むしろその逆で、スーパーマーケットに行けば王室御用達品も豊富に見つけることができる。戴冠式の衣装からからトイレットペーパーまで。威厳と親近感を兼ね備える英王室の性格を、そこに見ることができる。

ロイヤルワラントがいかに王室メンバーの私的な好みの反映かを示すエピソードがある。シングルモルト

ロイヤルワラントのあるラフロイグ10年

の「ラフロイグ」である。どこか消毒薬を思わせる独特のくせのある香りが特徴のウィスキーだが、そのクセゆえいっそうこれを愛するというファンをもつ。チャールズ皇太子もそのひとりで、ロイヤルワラントを授与している。しかし、三本の羽根を特徴とするチャールズ皇太子の紋章が表のラベルにつくのは、「一五年もの」以外の「ラフロイグ」なのである。

実はチャールズ皇太子がもっとも好むのがほかならぬ一五年もののラフロイグなのだ。しかし、自分自身の紋章を眺めながら飲む酒など美味しいわけがない。そのようなわけで、皇太子は、一五年ものだけ紋章を外してくれるよう、ラフロイグに頼んだという。結果、一五年ものには裏側のラベルに小さく紋章が入っている。チャールズ皇太子らしいエピソードである。

ちなみに、チャールズ皇太子のワラントを受けるには、環境に配慮した企業であることも条件に加えられる。これもまた、一九八〇年代から有機農業に取り組んできた皇太子らしい。

ヘリテイジ・ラグジュアリー

ロイヤルワラントは、永久に保証されるものではない。嗜好が変わり、代が変われば、ワラントは一新される。それ以外の場合でも、五年ごとに審査され、更新される。また、商品の品質が満足なものではなくなったり、信を失ったりして、認可取り消しになる場合もある。逆にいえば、ロイヤルワラントを保持している間は、それがたしかな品質保証となる。

右に述べてきたような、きわめてイギリス的な性格をもつ英国王室御用達制度は、次のような制度と言い換えてもいい。

やんごとなき公的個人による、個人的好みも入る柔軟な鑑識眼のもと、高い品質を是認され、次の時代に引きつがれていくべきと判断されたものが、どこか人間的に、しかし厳しい基準をもとに、選ばれていく。選ばれても認定の申請は義務ではないし、表示をつけるのもつけないのも自由。

この厳格ながら風通しのいいプレステージ授与システムが、英王室御用達のシステムというわけである。

その結果、継承されてきたものは、たとえば、サヴィル・ロウの熟練職人の技術であり、木を育てるところから始まるスウェイン・アドニー・ブリッグの傘づくりの伝統技術であり、バーバリーのギャバディンのような良質にして機能的な伝統素材であり、ジャーミンストリートの紳士小物の、時代ごとの精神が凝縮された豊富なアーカイブであり、購入後も面倒を見続けてくれるジョン・ロブの靴の誇り高いアフターケアのシステムであり、それらを包括する物語、すなわち歴

靴ブランドのトリッカーズはロイヤルワラントを店舗に掲げる

ジャーミンストリートに建つブランメル像

史である。

こうしたことすべてを含めて，「ヘリテイジ」と呼ぶ。遺産，と訳されるが，伝統技術，アーカイブ，歴史など，継承され，次世代に引き継がれていくべきものすべてを指す。

大量生産大量消費の時代に流されることなく，現在もなお，そうした伝統が新鮮さを失うことなく生き続けているのは，稀有で貴重なことではないか。伝統とは，古いものを受け継ぐことではなく，よいと信じるものを時代へ引き渡していくこと，という発想を根底にもつ英国王室御用達システムの恩恵にほかならない。結果として，この制度は，英国伝統のヘリテイジを保護する重要な役割を果たしてきたのだ。

現在のラグジュアリー市場においては，マーケティングによってすっかり大衆化した高級ブランドが乱立し，かつてまばゆく見えた幻想もはぎとられ，色あせていく企業も少なくない。混迷をきわめるなか，静かに強さを発揮しているのは，「ヘリテイジ」のある英国王室御用達証をもつ製品なのである。

熟練職人の技，アーカイブ，歴史，そのすべてを明快すぎるほど明快にもつ象徴的存在，それがほかならぬ王室御用達ブランドなのである。ヘリテイジに加えてプレステージ（威信）まで兼ね備える，究極にしてきわめて今日的なラグジュアリー，それこそが王室御用達の名品として，マーケティング戦争の枠外で悠々と勝ち残っている。

（注）　ロイヤルワラントに関しては、The Royal Warrant Holders Association の公式ＨＰを参照。https://www.royalwarrant.org/

2 エドワード7世 1841-1910 と アレクサンドラ王妃 1844-1925

二〇世紀の初頭、第一次世界大戦が始まるまでのごく短い間、ヨーロッパにおいては表面上は優雅をきわめ、ベル・エポック（美しき時代）と呼ばれている。同じ時代を、イギリスでは「エドワーディアン」と呼ぶ。エドワード7世（一八四一〜一九一〇、在位一九〇一〜一〇）の治世である。エドワード7世の治世は一〇年に満たなかったが、皇太子時代、そして国王時代にわたりエドワード7世が男性服にもたらしたさまざまな「改革」は、現代に続くスーツの諸ルールの起源となっている。

プラクティカル・エレガンス

ヴィクトリア女王の長男、エドワード7世は、次代の国王としての教育を受けながら、六〇歳になるまで、プリンス・オブ・ウェールズ、つまり王位継承者としての見習い期間を過ごした。

この期間に、エドワードは贅沢な食事と酒、観劇、狩猟、競馬、パーティー、賭け事、ヨット、人妻との恋愛や娼婦との戯れ、つまり、ありとあらゆる「気晴らし（スポーツ）」をしながらファッションリーダーとしての名声を高めていくのである。

この時期には、今日的な意味でのスポーツも続々と登場し、流行する。サイクリング、テニス、ゴルフ、ポロ、カヌー、セイリング、モータリング。基本はあくまで紳士の余裕を示す「気晴らし」であるから、当初は専用のスポーツウエアなど存在しない。あくまで、余《よ》裕《ゆう》綽《しゃく》々《しゃく》で楽しんでこその紳士の気晴らしである。とはいえ、さすがにフロックコート（当時の紳士の昼間の正装）でサイクリングというのは厳しい。

そこで、紳士のスポーツの数々は、スポーツ専用ウエアを生むのではなく、既存のメンズスタイルに快適さと機能性を加えることになる。

快適な機能性（プラクティカリティ）を追求しつつ、優雅さ（エレガンス）を失わない装い。両立困難に見えるこの「プラクティカル・エレガンス（実用的な優雅）」という理想を実現してみせたリーダーが、エドワード7世だった。

エドワード7世が普及させたアイテムのひとつに、ノーフォークジャケットがある。身頃にボックスプリーツがついた、ベルト付き

戴冠時のエドワード7世（ルーク・フィルデス画，1901年）

フロックコートを着たロイド・ジョージ（左）とウィンストン・チャーチル（1907年）

バルモラル城でくつろぐエドワード7世（1908年，アレクサンドラ王妃撮影）

のカントリーウエアである。

ノーフォークジャケットの名前は、異説もあるが、ノーフォーク州に由来するという説が有力である。ここに英国王室の別荘サンドリンガム・ハウスがあり、王室メンバーはここで頻繁に狩猟を楽しんだ。一八九〇年代、エドワードがこのノーフォークジャケットに幅広のブリーチズ（膝下丈の下衣）をサイクリング用に着用すると、やがてそれは人気の街着になっていく。

このサンドリンガム・ハウスはまた、燕尾服に代わるくつろぎの夜会服、ディナージャケット（アメリカ語ではこれをタキシードと呼ぶ）の発祥にも関わる。サヴィル・ロウのテイラー、ヘンリー・プールの主張によれば、一八六五年、サンドリンガムの晩餐会用にというエドワード7世の注文に応じて作った上着こそ、ディナージャケット第一号である[(1)]。

現代に続くスーツのルール誕生と、紳士服のカジュアル化

美食家であったエドワード7世は次第に太めになっていくわけだが、あるとき、食事中におなかがきついと感じた彼は、ウエストコート（＝ベスト）の一番下のボタンをはずした。この皇太子の振る舞いが、「ベストの下の一番下のボタンは留めないで着用する」という着装法を公のものとし、この習慣は一九一四年までに定着する。現在、スーツの着こなしルールに「二つボタンであれ三つボタンであれ、上着の一番下のボタンは留めない」というものがあるが、それはここに起源をもつ。

さらに、ダブルの裾。これを英語ではトラウザーズ・カフスと呼ぶ。もともとトラウザーズの裾に泥がつかないようにした折り返したスポーティーなアレンジとして生まれたものだったが、これを公的な場で着用し、認知させたことになっているのも皇太子エドワードである。(2)

リラックスしつつも端正な優雅さを失わない、プラクティカル・エレガンス。エドワーディアンスタイルを貫くそのコンセプトは、百年経った今も、古びていない。

ノーフォークジャケットを着用したゴルフ用コスチューム（1901年）

究極のマナー美人？
アレクサンドラ王妃

英王室にはロイヤルミストレス

（愛妾）の伝統があった。妃としての究極のマナーは、見て見ぬふりを貫くことである。アレクサンドラ王妃（一八四四〜一九二五）はそれを実行できる忍耐強さを兼ね備えていた。

　デンマーク王女のアレクサンドラが海を越えて英国入りした時、王女は亡き舅アルバート公に弔意を表し、グレーと菫《すみれ》色の半喪服に白のボンネットを着用した。

　一八六三年三月一〇日、ウィンザー城で英国皇太子とデンマーク王女は挙式する。アレクサンドラはヴィクトリア女王が作った伝統を踏襲し、イギリスの最高峰ホニトンレースのウェディングドレスを着用した(3)。ドレスにはイングランドの薔薇、スコットランドのあざみ、アイルランドのシャムロックが刺繍されていた。ヴィクトリア女王は披露宴に三千人ものゲストを招いた。

エドワード７世とアレクサンドラの結婚式（1863年）

　アレクサンドラはエドワード7世との間に、三男三女をもうける。

ドッグカラーチョーカーが隠したものは

　王妃の趣味は、帝政ロシアの宝石商ファベルジェのコレクション。動物好きの王妃は「人は裏切る

けれど動物は裏切らない」と牧場の全動物をモデルにした宝石細工を作らせた。「人」とはおそらく、夫のことであろう。この宝石細工のコレクションは、毎夏八月五日からバッキンガム宮殿で一般公開されている。

スタイルセッターとしては、ドッグカラー・チョーカーを流行させた(4)。子供のころに受けた手術が原因で、首にキズがあった。それを隠すためにドッグカラーのアクセサリーを常につけていたという(5)。

また、一八六七年にリウマチの後遺症で脚をいためたときには「アレクサンドラ・リンプ」というトレンドまで生んだ(6)。好意をもってさえいれば、なんでも好もしく解釈するのが大衆である。一方、少しでも鼻もちならないと感じれば、大衆は容赦なくバッシングする。二〇一九年一月ごろは、メーガン妃がお洒落なマタニティスタイルであちこち出かけているが、それを気に入らないと感じた大衆紙は「美徳のひけらかし（virtue signalling）」と中傷している。妊婦に対するバッシングという残酷な仕打ちもいとわないのがイギリスのメディアなのである(7)。

さて、メディアが王室メンバーの一挙一動を書きたてるのは当時も同じで、エドワード7世の華やかな女性関係は常に新聞の恰好のネタになっていた。

最後の愛人は、アリス・ケッペル夫人であった。模範的な王妃アレクサンドラは、ケッペル夫人に対しても礼儀正しく接していた。

アレクサンドラ王妃（1881年）

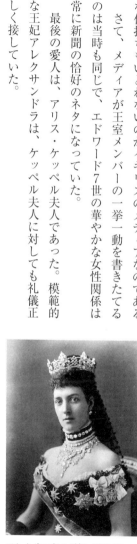

エドワード7世が危篤に陥った時、王妃は最後に夫人と王が二人きりになる時間まで与えた。このケッペル夫人が、チャールズ皇太子の後妻となったカミラ夫人の曽祖母である。

夫の愛人にも思いやりと親切な態度をもって接し続けたアレクサンドラ王妃の心の内は、ほんとうはどのようなものだったのか。王妃としての義務とわきまえていたのか、葛藤があったのかなかったのか。ついぞ明かすことはなかった。

真珠のチョーカーで気高く首をまっすぐに保ち、隠し続けたのは、首の傷よりもむしろ心の傷であったかもしれないと想像すると、切なくなる。

（1）Stephen Howarth, *Henry Poole: Founders of Savil Row* (Bene Factum Publishing, 2003)

（2）Farid Chenoune, *A History of Men's Fashion*（Flammarion, 1993)

（3）ウェディングドレスのデザインは、パリでオートクチュールの始祖として活躍するチャールズ・フレデリック・ワース。

（4）*collier de chein*（collar necklace）と呼ばれた。真珠を幾重にもまいてチョーカーのように装う。

（5）Georgina Battiscombe, *Queen Alexandra* (London: Constable, 1969)

（6）Ebenezer Cobham Brewer, *Wordsworth Dictionary of Phrase and Fable*（Wordsworth Editions, 2001）, p.29.

（7）Suzanne Moore, "Poison and the Papers: why tabloids are obsessed with Meghan 'flaunting' her bump", The Guardian.co.uk, 3 Feb 2019.

第Ⅲ部　ダイアナ妃とその息子たちをめぐる物語

1 ダイアナ妃

1961-97

(1) 結婚

最高の幸福がもたらした「不幸」

幸福が目に見えるものならば、まさしくこの光景にちがいない、と二〇歳にもならぬ女子大生は、うっとりとテレビに見入っていた。七億五千万人の世界中の視聴者の多くもおそらく、同じ思いであっただろう。

一九八一年七月二九日。海軍司令官の正装もりりしいチャールズ皇太子と、プリンセス・オブ・ウェールズとなったばかりのダイアナ妃（一九六一～九七）が、赤い絨毯《じゅうたん》が敷き詰められた階段をのぼっていく。階段を覆いつくさんばかりの八メートル近いヴェールは、ロイヤルウェディング史上、最長である。フリルとレースをあしらったシルクのウェディングドレスには、幸運のシンボルとして、ブルーのリボンと、ダイヤモンドをセットした一八金の馬蹄《ばてい》が縫いこまれていた。マザー・オブ・

パールを一万個ちりばめた九〇〇〇ポンドのドレスをデザインしたのは、世界最強のデザイナーチームと呼ばれた、デイヴィッド&エリザベス・エマニュエルのカップルである。ダイアナ妃の頭には、スペンサー家のティアラが輝く。

　世界中が、バルコニーでキスを交わすまばゆいロイヤルカップルを祝福しながら不思議な一体感に包まれた「世紀の華燭《かしょく》の典《てん》」だったが、実はセントポール大聖堂での結婚式では、その後の二人を予兆するような、ささやかな「スリップ」があった。ダイアナ妃が、「病める時も健やかなる時も、死が二人を分かつまで、夫を愛し（love）、慈しみ（cherish）、夫に従い（obey）……」と誓いのことばを言うべきところ、オベイ（obey）を省略したのである。

　誓いのことばそのままに、ダイアナ妃の結婚生活に「オベイ」の色は薄かった。結婚当初からカミラ・パーカー＝ボウルズとチャールズのただならぬ関係を感じ取っていたダイアナ妃は、しきたりだらけの王室の生活にも疎外感を覚え、摂食障害をエスカレートさせて孤独な苦悩を深めていく。その果てに彼女が選んだ道は、皇太子から独立し、自分自身に「オベイ」して生きること。

チャールズ皇太子とダイアナの結婚式（1981年）

一九九二年一二月、メイジャー首相は二人の別居を発表。メディアを巻き込む泥沼の闘いを経て、一九九六年八月、一五年間の結婚は、正式に解消される。

不幸がもたらした、可能性の開花

興味深いのは、ダイアナ妃の秘めたる可能性が華麗に花開き始めるのが、ほかならぬ別居開始後であることだ。保守的な王室ファッションを脱皮してセクシーな最新モードを着こなし、慈善活動に邁《まい》進《しん》して世界を飛び回り、強さと美しさと聖母のような慈愛で人々を魅了して、ダイアナ妃は世界のスーパースターになっていく。

地雷撲滅キャンペーンで訪れたサラエボで、地雷を踏んだ犠牲者がつらい事故の記憶を話したとき、ダイアナ妃はこう言った。「私の場合、一九八一年七月二九日だったわ」(1)。

きょとんとした全員、それがご成婚の日であったことを思い出し、大笑いしたという。パーフェクトな幸福と見えたものが実は地雷、でもその地雷がもたらした地獄こそが、自分自身を徹底的に見つめ、眠れる可能性を開花させる輝かしい機会ともなったのだ。

そう解釈してご成婚写真をあらためて眺めると、ダイアナ妃にとっての結婚とは、世俗の幸不幸の基準などはるかに超越した、壮絶で崇高な魂の旅であったのだとも思えてくる。

一九九七年八月三一日の交通事故死から一〇年経った二〇〇七年六月、デイヴィッド&エリザベス・エマニュエルのデザイナーチームは、ダイアナ妃のウェディングドレスの端切れ付き著書を、一〇〇〇ポンドという強気の価格で、一〇〇〇〇部限定で発売した。このカップルもやはり結婚一五年目に破局を迎えていたが、この時の仕事は共同でおこなった。二組のカップルの顚末を知れば、ウェディングドレスの白い端切れは、幸せな花嫁をしのばせる記念品などには到底見えないだろう。

端切れが何かを象徴するとしたら、それは喜びとともにつらさにも満ち、一人ひとりに異なる魂の試練を強い、最後までその意味がわからず、だからこそ価値のある、複雑で不可解な〈結婚〉そのものであるかもしれない。

（2）ふたりの王子

ふたりの王子が計画した母の追悼コンサート

ダイアナ妃の四六回目の誕生日になるはずだった二〇〇七年七月一日、新生ウェンブリー・スタジアムで開かれたダイアナ妃追悼チャリティコンサートに、六万三千人が詰めかけた。

計画したのはウィリアム、ヘンリーのふたりの王子。イングランドサッカー協会の総裁もつとめるウィリアムは、五月に同スタジアムでおこなわれたFAカップ決勝戦ではスーツ姿だったが、この日はジーンズにジャケット、カジュアルシャツという驚くほどくつろいだスタイル。ヘンリーも同様の、いまどきのチノパンにジャケット。英国王室の王位継承順位第二位、第三位（当時）という身分と、ふつうの青年といった装いとのギャップが意表をつく。彼らの父親チャールズ皇太子のこんなスタイルは見たことがない。

ダイアナ妃が好きだったデュラン・デュラン、ロッド・スチュワートから英国立バレエ団、ふたりの王子のお気に入りのリリー・アレン、ネリー・ファータドにいたるまでの多彩なアーチストのパフォーマンス、さらにデイヴィッド・ベッカムのサプライズ出演やトニー・ブレア前首相のビデオメッセージと、英国有名人を総動員したコンサートは大成功を収めた。

「このイベントは、音楽、ダンス、チャリティ、家族、そして友人たちという、母が人生のなかで愛したことすべてにかかわるものです」とウィリアムは聴衆に語る。陸軍での訓練をしのばせる日焼け顔のヘンリーは、イラクで戦う仲間たちにラジオを通じてメッセージを送る。

「君たちと一緒に戦えなくてごめん。今この瞬間も任務についているみんな、どうか無事でいてくれ」。イラクでヘンリーの部隊が攻撃の標的にされる危険が現実味を帯びたため、直前にヘンリーの派遣がとりやめられていたのだった。

人々に語りかけたり、踊ったり、ウェーブに参加してはしゃいだりする、ふつうの装いのウィリアムとヘンリーからは、母思いで仲間を大切にする、ふつうの青年の善良な魅力があふれ出ていた(2)。

ふつうではない身分の息子たちに母ダイアナが残したもの

ふつう（normal）。

これこそダイアナ妃が、ふつうではない身分に生まれたふたりの息子たちに教え込んできた基準にほかならなかった。王子は一般社会から隔絶し、ナニー（乳母）に育てさせるのが慣例だった英王室の伝統を破り、ダイアナ妃は子どもたちを母乳で育て、できるだけ抱っこし、ともに過ごす時間をたっぷりとった。マクドナルドでハンバーガーを食べ、ディズニーランドで遊ぶという、ふつうの子どもたちの休日の過ごし方を経験させたばかりでなく、チャールズ皇太子の反対を押し切って、ホームレスの収容施設を見学させ、一緒にエイズ患者を見舞った。

こうして社会のさまざまな面を母から教えられ、多くの人々と接するなかで豊かなコミュニケーション能力も身につけたふたりは、六月、ＮＢＣのインタビューに答えて、「ふつう」に対するこんな考えを話している。

ヘンリー「ぼくたちがこうしてふつうにやろうとしていることに対しては、母は喜ぶと思います。でも他人がそんなぼくたちを見て、〈おい、お前たちはふつうじゃないんだからふつうにしようとするなんてやめろよ〉と言ったりすることは悲しむかな。……だけど、プライベートなどではできるだけふつうにしたいと思っています。もちろんある意味ではぼくらにふつうなんてありえないから、難しいのですが」

ウィリアム「おまえはたしかにふつうじゃないかもしれないけど（笑）、ぼくはいたってふつうだよ」

やんちゃなヘンリーが麻薬を試してみたり、コスプレパーティでナチの格好をしたりしてタブロイドの格好のネタになった過去は、このひと言で笑いとばされた。ヘンリーの率直さ、ウィリアムのユーモアのセンス、そして絶対の信頼で結ばれた兄弟と母の絆には、多くの視聴者から感動のコメントが寄せられた。ふつうじゃない身分に生まれたプリンスたちが、父の不倫、両親の離婚、母の事故死、父の再婚、母の暴露本の相次ぐ出版……というふつうじゃない過酷な運命をグレることなく乗り越えてきた強さの秘密は何なのか？

ウィリアムによれば、「強かった母が、強さの貯蔵庫をぼくらに与えてくれました」。

連日のテロ騒ぎにも負けず集まった英国民の真の思い

追悼コンサートは、前々日、前日の爆弾カー炎上騒ぎで、厳戒態勢のもとにおこなわれた。英国の有名人が一堂に集う会場は、テロの危険が高い場所だった。にもかかわらず、観客は「ここは今日、英国でいちばん安全な場所だよ」とジョークを飛ばしてやってきた。

二五歳のウィリアムと二二歳のヘンリーに人々が重ね見ていたのは、母の棺の後ろを涙をこらえて健気に歩く、一五歳のウィリアムと一二歳のヘンリーの面影である。

コンサートを成功させたのは、あの「ダイアナの息子たち」の心意気をなんとしても支援するという、ほとんど母性愛にも似た英国民の強い思いだったのではないか。

「よくやった、ボーイズ！」の賛辞の嵐のなか、母ダイアナ妃は人々の心のなかでいちだんと輝きを増した。

(3) 人間愛

スチュアート家の「ロイヤルタッチ」

お金を集めて寄付する。訪問する。ものを贈る。ことばをかける。名のある人がおこなう慈善活動にはいろいろなスタイルがあるが、ダイアナスタイルのきわだった特徴は、なんといっても「さわる」ことであろう。

まだ「エイズはさわるだけで伝染する」というデマまでとびかっていた一九八〇年代の半ば、ダイアナ妃はエイズ患者が横たわるベッドの上に座り、彼の手を握る。世界中に報道されたこの写真は、エイズへの偏見を一掃することに多大な貢献を果たした。

ダイアナ妃の「おさわり」効果はそれだけにとどまらない。ダイアナ妃に触れられて昏睡《こんすい》状態から目覚め、奇跡的に回復した三歳の男の子のエピソードをはじめ、ダイアナ妃が抱きしめたり触れたりすることで魔法のように病気がよくなったという証言は少なくない。

美しいダイアナ妃に触れた感激が患者の気力を高めるから、という説明もできよう。しかしここで、西洋の歴史に根付くある信仰を思い出さずにはいられない。それは、スチュアート王家の血を引くイギリスとフランスの王は奇跡の治癒力をもつ、と信じられてきたこと。王は、「るいれき」(頸部リンパ節結核)に苦しむ患者の患部に手を当て、金貨(タッチピース=お手付け金)を与えることで、患者を病から救うことができた。王が治せるのは「るいれき」のみであったため、この病は「王の疾病（King's Evil）」としても知られる。神の代理人としての王の力を大衆に知らしめるパフォーマンスでもあったのかもしれないが、ともあれ、ダイアナ妃にはスチュアート王家のチャールズ2世とジェームズ2世の血が流れている。

ロイヤルタッチがヒーリングタッチとして働くという信仰を無意識の底に抱く人々にとって、ダイアナ妃のおさわりは歴代の王が行使した奇跡のおさわりと同じありがたみをもったのではないか。ただ、ダイアナ妃自身は、ロイヤルタッチの深い意味などことさら前面に出すことなく、ひたすら愛情の証として、さわる。抱きしめる。

ダイアナタッチを象徴するこんなエピソードがある。一九九七年八月、地雷撲滅キャンペーン第二弾として、ダイアナ妃はジャーナリストらとサラエボを訪れていた。

一行はレンガを積んだだけの家に住む、両親を亡くした一五歳の少女を見舞う。少女は、幼い弟や妹のために残飯を探していたときに、地雷で片足を失っていた。皆がこの少女に注目する間、ダイアナ妃はカーテンの奥の部屋へ行く。悪臭ただよう暗闇の中、やせ細った女の子が、排尿でびっしょりぬれて目をとじたまま座っていた。少女の妹である。ダイアナ妃は女の子を抱き上げ、腕や足をなでた。女の子は目を開けたが、盲目だった。

この光景を目にした唯一の証人であるダイアナ妃の執事は、カルカッタで目と耳が不自由な少年に会ったときにダイアナ妃が書いたメモを引用して妃の心中を代弁している。「しっかりと抱きしめながら、この子が私の愛情を感じてくれることを願ったのです」[3]。

ダイアナ妃が人生の最後に発揮した、大いなる癒しの力

ダイアナ妃にとって、触れることは、愛情を伝えることだった。「私たちの時代の最悪の病は、多くの人が一度も愛されたことがないことに苦しんでいるということなのです」とダイアナ妃は語る。病や孤独に苦しむ人々や親の愛を知らない子どもたちに、触れることで愛を感じさせる。そんな祈りのようなおさわりを通して、ダイアナ妃は時代の病そのものを癒そうとしたようにも見える。

病院で、地雷地帯で、貧困地区で、人々に触れるダイアナの姿がひときわ崇高な美しさをもって胸を打つのは、愛されないことに苦しんでいた人間のひとりこそ、ほかならぬダイアナ妃自身であったことを、私たちが知るからでもある。

結婚した夫の心はほかの女性が占めていた。王室との確執にストレスを募らせ、自傷行為や摂食障害を繰り返した。ほかの男性との恋愛に走っても裏切りにあった。占星術や心理療法などあらゆるセラピーにすがっても救いはなかった。暗中模索の果て、心から血がにじみそうな苦闘の暁にダイアナ妃が自身で見つけたその道こそ、人々を愛をもって癒すことで自分が愛され癒されるという道だった。だからこそ、ダイアナ妃が弱者に向ける愛は、生半可ではなく強い。

一九九七年一月、地雷撲滅キャンペーン第一弾として訪れたアンゴラでは、地雷で内臓が飛び出していた少女の顔を、多くの人がひるむなか、目をそむけることなくじっと見続けた。自分の姿が見る

に耐えられないものだと少女に思わせないための、強い意志と深い愛が生んだ配慮にほかならなかった。

ダイアナ妃の死後（葬儀の前日には互いに尊敬し合っていたマザーテレサが没した）、イギリスではうつ病の治療を受ける患者が激減した、と報じられた。ダイアナ妃の死を嘆き、涙を流し、感情を表に出すことで、心に抑圧を抱えていた多くの人が癒された、という旨の分析をする精神科医もいた。ダイアナ妃が発揮した奇跡の治癒力は、先祖の王たちのスケールをはるかに上回ったのである。

（4）ファッション

ダイアナ妃の着た服は彼女の人生そのもの

英国女王は公の場に出るときに着る服を「お芝居の小道具」と呼ぶ。王室のメンバーに求められるのは、演劇的な役割である。だから装いは個性の主張であってはならない。エリザベス女王の写真を並べて眺めると、そんなゆるぎなきロイヤルスタイルが見てとれる。

また、王室のメンバーではないが、アメリカのファーストレディ、ジャクリーヌ・ケネディは、ファーストレディの役割を果たしつつ、ファッションリーダーとして世界中の女性から模倣された。「ロイヤルな」印象を失わないのに、ファッショナブル。ケネディ時代の彼女の写真からは、そんな

「ジャッキースタイル」が感じ取れる。

　しかるに、ダイアナ妃はどうか。典型的なロイヤルスタイルの実践者ではない。かといって筋の通った「ダイアナスタイル」があるかといえば、そうでもない。ときには失敗もしながら、あらゆるテイストに果敢に挑み続けている。

　しかも、その装いは常に何かを伝える。そのときのダイアナをおもしろいほど語る。だから、結婚前のスローンレンジャー時代から、亡くなるまでのダイアナ妃の写真を年代順に並べていくと、波乱に富んだ「女の一生」のドラマができあがる。まるでカラーになったサイレント映画のように。ダイアナ妃は、ファッションを通してコミュニケートできた女性だった。「物語」や「思い」を伝えるダイアナ妃のファッションは、それゆえ、見る人の目ばかりでなく、心にまで焼きつく。

　ダイアナ妃が着たおびただしい数の服は、人々とのコミュニケーションのために注いだ努力を映し出すものが多い。とりわけ海外を訪問するときには、訪問国への敬意をファッションで表現する。一九八六年の日本訪問時に着た「日の丸ドレス」もそのひとつ。ロンドン、フラムロードのブティックで見つけた既製服である。きめ細かさに感心するのは、たとえば一九九一年にブラジルを訪問したときに、ワールドカップの決勝で敗れたブラジル・サッカーチームの緑と黄色を避け、さらに敵国アルゼンチンチームの青と白まで使わなかったこと。現地のエチケットをあらかじめリサーチしていたデザイナーのキャサリン・ウォーカーが「その色が暴動を起こすかもしれない」と配慮した結果でもあった(4)。

慈善活動に携わるときの装いも、相手とのコミュニケーションを考慮して選んでいる。病院へ行くときには明るい色を。なかでも、ターコイズと黄色と赤の花柄がちりばめられたダークブルーのデイヴィッド・サスーンのドレスは、「ケアリング・ドレス（慈しみのドレス）」と呼んで繰り返し着た。服は常に半袖だったが、それは相手に直接、触れるため。だからロイヤルプロトコル（王室の約束ごと）である手袋もつけなかった。目が見えない人を訪れるときには感触がおもしろい服地を選び、子どもたちを訪問するときには、抱いたとき子どもがおもちゃにできるようなぶら下がるネックレスをつけた。

そんな意識的なコミュニケーションばかりではない。ダイアナ妃の意図の有無にかかわらず、ファッションがダイアナの「物語」を伝えてしまう場合も少なくない。たとえば、自信なさげ、ちょっとヤボな「シャイダイ（shy Di）」から、どんなトップモードをもグラマラスに着こなす世界のファッションアイコンへの変貌。そんなダイアナ妃の変貌の歴史の始まりと転機も、ふたつの黒いドレスが物語る。

人生の節目をマークする黒いドレス

一九八一年三月、チャールズ皇太子の婚約者として初めて人前に姿を現す夜、ダイアナが選んだのは、デイヴィッド&エリザベス・エマニュエル夫妻がデザインした黒のストラップレスのロングドレスであった。既製服で、直す時間がなく、ダイアナが車から出るときにずり落ちそうになった。「息づかいが聞こえそう」なドレスはメディアに大うけし、結果、「ウィンザーショー」の主役はダイアナにいってしまう。しかも「王室のメンバーは喪中と葬式にのみ黒を着る」というプロトコルを破って王室の人々の顰蹙《ひんしゅく》を買う。ダイアナと王室との確執の始まりを暗示するようなドレスである。

それから一三年後の一九九四年六月、チャールズ皇太子がテレビで自らの不倫を告白する模様が放映される日。ダイアナ妃はサーペンタインギャラリーの夕食会に出席する予定だった。当初、ヴァレンティノのブルーのドレスを着るはずだったが、執事は、黒いシルククレープのオフショルダーのカクテルドレスをすすめる。クリスティーナ・スタンボリオンの、これも既製服である。中央に卵型サファイアをあしらった真珠のチョーカー〈皇太后陛下からの婚約プレゼントをリフォームしたお気に入り〉をつけたダイアナ妃は、この世になんの心配ごともないわという余裕の微笑をたたえてさっそうと車から降りた。

翌朝、全新聞の一面をダイアナ妃が飾る。『デイリーミラー』紙にいたっては「これでもか（Take That!）」という大見出しをつけ、不倫告白の皇太子については「統治者不適任」と小さく出しただけ。ダイアナ妃をウィンザー戦争〈サーペンタインの戦い〉において「勝利」に導き、ひとりの女性の自立をまぶしく印象づけたこのドレス

リベンジドレス（1994年）

は、「リベンジドレス」と命名され、ダイアナ妃の転機を鮮やかに伝える。

保守的な王室スタイルから、モード&セクシー路線へと彼女を一変させたデザイナーのひとりに、ジャック・アザグリーがいる。彼が二〇〇二年に来日したとき、それぞれのドレスにまつわるエピソードを聞いた。アイスブルーのシフトドレスもそのひとつだが、胸元は開きすぎだしスカートも短め。でもまさにそこが狙い目で、翌日の新聞はいっせいに、ダイアナがこのドレスを着て車から降りる瞬間の写真を掲載した。ナオミ・ワッツがダイアナ妃に扮した映画『ダイアナ』では、実際にダイアナが着用したドレスが使われているが、デザイナーがドレスに込めたのは、「これからは自分の人生を楽しんで」というメッセージだった。

アザグリーに背中を押され、離婚後のダイアナは、ヴェルサーチェをはじめトップモードも次々と着こなし、ファッションアイコンとしても華麗に開花していく。その結果、離婚によってかえって自由と自信と輝きを得たかのように見せることに成功したのである。

離婚後，チャリティ・イベントで活躍（1995年，右はルチアーノ・パヴァロッティ）

黒いドレスに戻る。ダイアナ妃とよい協力関係を続けてきたキャサリン・ウォーカーが受けた最後の注文は、執事からだった。棺に入るときの服である。ウォーカーはダイアナ妃が今にも起きて笑顔で歩きだしそうな黒いドレスを作った。

ダイアナ妃にとって装いは、闘いの武器であるとともに、愛とサービス精神の賜物でもあった。ファッションが象徴するダイアナ妃の心の旅のどこかに、多くの女性は自分自身の心の旅を重ね見る。ダイアナスタイルが時を経ても私たちの心をつかむ最大の理由は、まさしくそこにある。

(5) ダイアナ妃がもたらした革命

プリンセス・オブ・セールス

二〇〇七年六月、『タイム』誌はダイアナ妃のことをプリンセス・オブ・ウェールズならぬプリンセス・オブ・セールス（Princess of Sales）と呼んだ記事を掲載した。

ダイアナ妃は、売れるのである。没後一〇年経過してもなお。二〇〇七年度だけで、アメリカとイギリスでは少なくとも一五冊のダイアナ関連本が出版された。肖像が刻まれた記念コインは驚異的な売り上げを誇り、レディ・ダイ人形はマリリン・モンロー人形やジャッキー・オナシス人形よりも売れた。

人々にモノを買わせるだけではない。ダイアナ妃の記念基金には、没後、寄付金が殺到した。写真のなかで子どもを抱くダイアナ、地雷地帯を歩くダイアナ、エイズ患者にふれるダイアナが、サイレントスポークスマンとして力を発揮し、大金を集めるのである。

また、医療界にも「ダイアナ効果（Diana Effect）」が起きた。ダイアナ妃の葬儀後、うつ病で病院を訪れる人が激減した。現在、がんをはじめ重い病気やDV・自殺未遂などのつらい経験を公表することがあたりまえにおこなわれているが、この現象もまた、BBCインタビューで彼女が摂食障害を告白して以来の流れ、「ダイアナ効果」のひとつだろう。

そんなわずかの事例からも、ダイアナ妃が社会に少なからぬ変化をもたらしたことがわかる。いったいダイアナ妃の何が私たちの心をそれほど強くゆさぶるのか。

おそらく、ダイアナ妃の「感情」である。

悲しみのどん底から喜びの絶頂まで、振り幅大きく感情を動かしてくれる映画や音楽は、くりかえし観たり聴いたりしたくなるものだが、ダイアナ妃の物語を読むのもそんな経験に近い。実際、ダイアナ妃は自分の感情におそろしく忠実で、それを王室メンバーとしては前例のない率直さで表現し続けた。そんなことまで言って大丈夫なのかとヒヤヒヤしたことは数え切れない。

しかも皮肉なことに、ダイアナ妃とチャールズ皇太子との結婚が不幸に終わった原因のひとつが、ダイアナ妃が「自分の感情に忠実すぎた」ためとも分析されている。チャールズはカミラとの関係が発覚してダイアナ妃が激怒したとき、「君はぼくを史上初のロイヤルミストレスをもたない王として辱《はずかし》めたいのか？」と逆ギレしたという。王室のメンバーであるということは、愛人も制度（ないし伝統）として受け容れよ、ということも含んでいたのかもしれない。

しかし、ダイアナ妃は、ただ一人の女性として夫を愛し愛されたい、という感情に正直だった。感情に正直なあまり、精神のコントロールを失い、摂食障害に陥り、安っぽい愛人に代替の満足を求めていった。

ダイアナ妃の葬儀は、「解放の祝祭」

素直に愛を求めるゆえに傷ついてしまったかのようなダイアナ妃は、自分が何者なのかわからず混乱し、その混乱を世界に向かって語った。

自制・冷静・忍耐・慎みといった伝統的イギリス人の美徳とは対極にある、危険きわまりない感情の吐露である。

ところが、反英国的なこのダイアナ主義が、英国を変えた。トニー・ブレア元首相は、「ダイアナ妃は王室メンバーの新しいあり方を見つけたと思うか?」と聞かれて、「いや」と答えている。「ダイアナ妃はイギリス人であることとの新しい道を教えてくれた」。

「新しいイギリス人」はダイアナ妃の葬儀にあふれ、世界中を驚かせた。あの冷静で慎ましやかなイギリス人が、声を上げて、感情のバルブを全開にして、人目もはばからず涙を流している。愛し、苦しみ、笑い、泣き、感謝し、死んだダイアナ妃のように、心の扉を全開にしているではないか。これは、革命的な事件だった。あるジャーナリストにいたっては、葬儀を、解放の祝祭(liberating celebration)と呼んだ。人々は涙を流して悲しみながら、古い伝統の呪縛から解放されていった。

ダイアナ妃が変えた社会

ダイアナ妃がもたらした革命はそれだけにとどまらない。ゲイや黒人の友人をもち、エイズ患者に手を伸ばし、摂食障害を語り、産後うつ病を語ることでそうした人や病気に対する世間の偏見を一掃した。イスラム教徒の恋人をもち（心臓外科医ハスナト・カーン）、イスラム教徒とともに亡くなった（ドディ・アルファイド）ことで、マルチカルチュアリズム（多文化主義）を一気に促進した。大胆なモードの着こなし、数多くの恋愛ゴシップを通して、イギリス女性が必ずしもオールドファッションでセックスレスな人種ではないことを世界に知らしめた。王室が安全パイとして選んだ無難な一イギリス女性が、だれも予想すらしなかった大革命を社会にもたらしたのである。本人は無自覚のままに。

ダイアナ妃の死の直前、「カミラはクイーンになってよいと思うか？」を問う世論調査では一五％が賛成しただけだった。一〇年経って、同じ質問に賛成と答えた人が三八％に上昇した。

ダイアナ妃の記憶が風化したためなどではない。「人は個人としての幸福を追求する権利がある」「人の心の弱さには共感を示そう」というダイアナ主義が英国民に広まったためである。ダイアナ妃が変えた社会が、彼女がもっとも嫌った女性のためにも貢献したのかと思うと、歴史の苦い皮肉に胸がしめつけられる思いがする。

（1）ポール・バレル『ダイアナ妃　遺された秘密』（ワニブックス、二〇〇三年）。

109　1　ダイアナ妃

（2）“Concert for Diana” は YouTube で視聴可能。

（3）（1）に同じ。

（4）Colin McDowell, *diana style* (NY: St. Martin's Press, 2007)

コラム

「みんなのプリンセス」のドレス

デザイナー、ポール・コステロ

没後二〇年以上経ってなお、ダイアナ妃は「みんなのプリンセス」として愛され続けている。王室メンバーでありながら堅苦しくない「親しみやすいプリンセス」のイメージは、ファッションによっても作られている。そのイメージ形成に貢献をしたデザイナーに、アイルランド人のポール・コステロ氏がいる。一九八二年から、ダイアナ妃が亡くなる一九九七年まで、妃のパーソナルデザイナーを務めた。二〇一七年六月九日、ロンドンのアトリエで話を伺った。

ダイアナ妃が彼を見つけたのはまったくの偶然だったという。エリザベス女王の居城のあるウィンザーの近くに店を開いていた時に、ウィンドウの服に目を留めたダイアナ妃が入ってきた。「私のテイラリングの技術を、一目で理解し、気に入ってくださったのです」。

ダイアナ妃からの依頼を受け、コステロ氏はフィッティングのためにケンジントン宮殿に出入りするようになる。当時は、黒人の運転手を伴ったアイルアンド人のデザイナーが来ると、宮殿のスタッフが露骨に嫌な顔をしたという。でもダイアナ妃だけはあたたかく接してくれた。「僕はいつも花束を持っていったよ」とコステロ氏は楽しそうに語る。

ダイアナ妃が注文した服は、オーストラリア訪問時のアイリッシュ・リネンを使ったプリントドレスをはじめ、公式の場面で着用されたものもあるが、主に、王子の送迎時などのプライベートな場面で着るための機能的なテイラードルックだった。ケンジントン宮殿でおこなわれた衣裳展（DIANA: HER FASHION STORY 24 Feb 2017 – 17 Feb 2019）には飾られないデイウェアである。プリンセスの品格とくつろいだ雰囲気を兼ね備えたこの「日常着」こそ、「みんなのプリンセス」のイメージを醸成した立役者であったのだ。「みんなのデザイナー」と自称するコステロ氏に、ダイアナ妃は、毎年欠かさずクリスマスカードを送ってくれたという。

パーソナルデザイナーという立場から見たダイアナ妃はどのような人だったのだろうか？

ポール・コステロによるジャケットと水玉のスカート

ポール・コステロによるスーツ

しばらく考えてから、コステロ氏はこのように表現した。「ガッツがあった」と。偏見に屈しないガッツによって、「ゲームチェンジャー」となったのだ、とも続けた。自らの言葉で内心を語り、王室のドレスコードを破ることによって王室のあり方をすっかり変えてしまった人、という意味である。そのあり方が、二人の王子に受け継がれていることを頼もしく思う、とコステロ氏は語る。

　コステロ氏は日本とも関わる仕事を展開している。岩手県釜石市で開発されたコバルト合金「コバリオン」を使い、世界で唯一のこの合金を素材としたクラダリングを作っている。クラダリングとはアイルランドの伝統的なデザインの指輪で、両手でつかんだハートと王冠がモチーフになり、愛と友情と忠誠を表現する。日本とアイルランドの外交樹立六〇周年（二〇一七年）を記念した指輪でもあるが、コステロ氏は、東日本大震災の被災地域が津波を乗り越えて再生するようにという願いをこめて、指輪に波模様をあしらった。傷ついた人に愛と友情を届けようとする「みんなのデザイナー」の行動に、ダイアナ妃が発揮した慈善精神を重ね見る思いがする。

ポール・コステロ（2017年）

2
ケンブリッジ公爵夫妻
1982-
1984-

キャサリン妃のウェディングドレス

おとぎ話に出てくるような馬車と騎兵連隊、カラフルな軍服、大観衆のなかで乱れ舞うユニオンジャックや、列席者の華麗な帽子のスペクタクル。ロンドンのウェストミンスター寺院で、二〇一一年四月二九日におこなわれたウィリアム英王子（一九八二〜）とキャサリン妃（一九八四〜）の結婚式は、英王室の圧倒的な貫禄や威光とともに、現代にもなおアピールする新しい魅力を見せてくれた。

権威や伝統の価値がなし崩しになりつつある現代でもなお、イギリス王室が輝きを失わず、その行事、とりわけロイヤルウェディングに、世界中の関心が集まるのはなぜなのか？

その理由のひとつを、ウェディングドレスに見る。結婚を機に、「ケイト」あらため「ケンブリッジ公爵夫人キャサリン」と呼ばれることになった新婦のウェディングドレスから、イギリスの過去と現在と未来の物語がたっぷりとあふれ出てくるのである。

観客がもっともかたずをのんで見守る結婚式のハイライトは、花嫁登場の瞬間である。どんなドレスなのか？　白いドレスのバリエーションが、花嫁の数だけ存在し、花嫁の数だけ異なる感動を人々に与える。考えてみれば驚くべきことだ。しかも王族の場合、そのドレスは妃なり女王なりを象徴する貴重な一着として、永遠に歴史に残り、語り継がれる。

ロールスロイス・ファントムから現れたキャサリン妃のウェディングドレスは、一見、拍子抜けするほど「シンプル」に見えた。Vネックの上半身はボディラインに添ってレースでつくられ、スカート部分の広がりもほどよく自然。トレーン（裾）は二・七メートルと短めで、キャサリン妃の妹のピッパ・ミドルトンひとりで十分に扱える。

「拍子抜け」したのは、ほかでもない、無意識のうちに、三〇年前の「世紀の華燭の典」と比較していたからである。一九八一年

ウィリアム王子とキャサリンの結婚式（2011年）

七月二九日。チャールズ皇太子と結婚したときのダイアナ妃のドレスは、マザー・オブ・パールを一万個散りばめた、デコレーションケーキのようなドレスだった。

一五年経って、彼女は離婚するが、今思えば、飾るが勝ちのお子様向け砂糖菓子を思わせるドレスは、イノセントな（「現実」を知らない）当時のダイアナ妃の立場を、おのずと表していたのかもしれない。

そんな記憶と比べてしまうから、まったく対照的にあっさりとして見えるキャサリン妃のドレスが、地に足のついた確固たる絆を築いて結婚を決めた「二一世紀の女性」である彼女の、自立した意志の証であるように見えたのだ。

ロイヤルドレスの伝統

一見、シンプルに見えるドレスなのだが、細かく見れば見るほど、こめられた意味を知れば知るほど、観客の感情をかきたてていく工夫が凝らされていることがわかる。

レースにはイギリスを構成する四つの国を象徴する植物の刺繡が縫い込まれている。イングランドのバラ、スコットランドのあざみ、アイルランドのクローバー、そしてウェールズのラッパスイセン。

各国を代表する植物の刺繡から連想するのは、エリザベス女王の戴冠式のドレスである。女王は、二六歳のとき、「連邦の人々との結婚式」こと戴冠式において、ノーマン・ハートネルがデザインしたドレスを着たが、そのドレスには連邦を象徴する植物が刺繡されていた。右記の植物に加えてカナダのメープル、インドの蓮なども。自らをイギリス連邦における「結合の要」とみなした、女王自身の提案だった。

さらに、ウェディングドレスの歴史をたどると、女王の先祖に同様の刺繡をほどこしていた妃がいたことがわかる。一八六三年にエドワード7世と結婚した、デンマークのアレクサンドラ王妃である。妃が着た贅沢なホニトンレースのウェディングドレスには、バラ、クローバー、あざみの刺繡がほどこされていた。植物の刺繡は、英王室のドレスに連なる伝統ともいえる。

また、キャサリン妃のドレスに用いられたレースは、イギリスが誇る世界最古のレースメーカー、クルーニーレースのもの。「イギリスの最高峰」を自ら着ることで、国内のレース産業の発展を後押しするという役割も担っている。

この姿勢は、「白いウェディングドレス」の伝統の開祖となった、ヴィクトリア女王を思い起こさせる。一八歳で女王に即位し、二〇歳で自らアルバート公にプロポーズして結婚を決めたヴィクトリアは、一八四〇年の結婚式において、金銀で装飾した従来のウェディングドレスの伝統を廃し、アイヴォリーホワイトのドレスを選んだ。先祖の過剰ぶりとは一線を画し、無垢と純粋を表現するとともに、人々が真似をしたくなるようなドレスを着ることで自国産業の技術発展を後押ししたい、という女王の意図を反映したドレスだった。

目論見は当たり、白いウェディングドレスは、国民の間で大流行し、現在は世界の主流トレンドとして定着している。ヴィクトリア女王はその後も、王室御用達制度をフルに使い、あらゆるジャンルの最高級製品に「イギリスの最高峰」のお墨付きを与えることで、自国産業の発展に多大な貢献をしたのである。

豊饒な簡素

そんなふうに過去の女王や王妃たちの記憶までもよみがえらせてしまうキャサリン妃のドレスだが、デザインしたのは、英国ブランド「アレクサンダー・マックイーン」のデザイナー、サラ・バートンである。NYタイムズに、このようなコメントを載せている。

「イギリスのクラフツマンシップ（熟練職人の技術）の最高峰を結集できたことをうれしく思います。アレクサンダー・マックイーンの特徴は、対極的なものを組み合わせて目を見張るような美しさを生むところにあります。私はその精神をふまえ、伝統的なファブリックやレースワークを、現代的な構築やデザインと結婚させることで、キャサリン妃の美しいウェディングドレスを作ることができたと思います[1]」

伝統と前衛の結婚というのはイギリスのお家芸でもあるが、その最良の例をこのドレスに見ることができたわけである。国内の伝統産業と、斬新さで名を馳せる現代の英国ブランド。一九世紀からの英王室の伝統と、二一世紀を生きる女性の現実味ある良識。さまざまな新旧が自然に「結婚」して、クラシックかつ新鮮な品位が生まれ出たのだった。

アクセサリーも無視できない。光輪型のダイヤモンドティアラは、エリザベス女王から借りたもので、クイーンマザーがエリザベスの一八歳の誕生日に贈ったカルティエ製。合わせたイヤリングは、キャサリン妃の両親から贈られたものだが、これはロンドンの宝石商ロビンソン・ペラムが、結婚を機に新しく紋章を得ることになったミドルトン家の紋章にヒントを得てデザインした。

花嫁が手にしていたブーケにも意味がこめられている。スズランは幸福、ナデシコ（奇しくも英語でsweet William, やさしいウィリアム）は勇敢な新郎、ヒヤシンスは貞節、銀梅花《ぎんばいか》は結婚、アイヴィーは忠誠を表す。銀梅花はヴィクトリア女王が一八四五年にワイト島のオズボーンハウスに植えたものからとられたと報じられた。

このように、一見、シンプルに見えるウェディングドレスとアクセサリーには、贅沢な手間と時間と愛情と物語がこめられていたのである。

豊穣な簡素。過去と現在の「よきもの」ものすべてがそこにある。伝統とは、ただ古いものを受け継いでいくことではなく、「よきもの」を未来へと引き渡していくこと、というゆるぎない意志を、この上なく美しく表明するウェディングドレスだったのである。

イギリスの現実の反映

イギリスの一般家庭の現実の多くは、夫婦が別居したり離婚したり再婚したり、義理の親子関係ができたり解消されたりと、必ずしも完璧というわけではない。だからといって不幸なわけではない。ウェディングセレモニーでのロイヤルファミリーは、そんな同時代の国民の現実を反映していた。

フィリップ・トレーシーの帽子で装い笑顔で手をふるコーンウォール公爵夫人カミラも、ごく自然にファミリーのなかに溶け込んでいた。いろいろあっても、家族は再構成し、なんとかうまくやっていくことができる、というおだやかな良識と未来への希望にあふれた光景だった。ダイアナ妃にとって結婚は「地雷」だったかもしれないが、それがもたらしたさまざまな経験が、彼女にとっては、自分自身を徹底的に見つめ、眠れる可能性を開花させるチャンスともなった。離婚後、慈善事業に邁進して世界を飛びまわり、強さと美しさと聖母のような慈愛で人々を魅了し、世界のスーパースターになった彼女は、誰もできないような壮絶で崇高な心の旅を経験することができたであろう。

結果にかかわらず、それぞれの結婚が貴重で価値があるということを、イギリスのロイヤルファミリーは教えてくれる。「開かれた」英王室の過去と現在のヒューマンドラマのなかに、ひそかに「自分の物語」や「自分の未来」を映し出してみたくなるのである。

好もしきイクメンを育てたキャサリン妃

現代の多くの若い男女にとって、自分の物語や未来を映し出してみたくなる一つの模範像ともなっているのが、ほかならぬウィリアム王子とキャサリン妃との関係である。

結婚前からすでに同棲していたという事実も、現代のカップルの実情を反映しているが、結婚式にはそれぞれの元恋人を招待したと報じられた。その数、計六人。別れても友好的な関係築いていくといういまどきの男女の「常識」をさらに一歩すすめたようなエピソードである。

キャサリンが第一子を出産したあとの光景も現代的で、あまりにも「ふつう」すぎて拍子抜けするくらいであった。

ロイヤルベビー誕生の翌日、セントメアリー病院を退院する日、赤ちゃんお披露目に際し、ウィリアム王子は長袖のシャツの腕をたくしあげたカジュアルなスタイルで登場した。

「この子はぼくより髪が多い」などという自虐ギャグで笑わせながら、「(ずっと待っていた)皆さんもようやく普通の生活に戻ることができますね。僕たちも帰って、ベビーの世話をします」と話し、チャイルドシートに赤ちゃんを乗せて、王位継承者は自分で運転して去っていった。ロイヤルベビーが初めて乗る車は、運転手つきの特別仕様のロールスロイスというわけではなかったのである。

自分たちのほうから積極的に情報開示をおこない、メディアをねぎらうことも忘れない夫妻に対し、報道も、ダイアナ妃を追いかけまわしていたころに比べると、随分、節度がある。一定の節度が保たれている安心感がある。

第二子シャーロット王女が生まれた後も、さらに第三子ルイ王子誕生の後も、ウィリアム王子のごく自然な「イクメン」ぶりはほのぼのとした好ましさをもって報じられており、王位継承者をそのようなイクメンに「育てた」キャサリン妃の人気をますます底上げしている。

キャサリン妃の経済効果

ウィリアム王子の恋人としてメディアに登場して以来、キャサリン・ミドルトンのファッションはスローニースタイル（コラム「スローン主義」参照）と呼ばれて常に注目を浴びてきた。
キャサリン妃のファッション界における影響力は、二人の婚約発表のときに爆発的になった。ウィリアムの母、故ダイアナ妃の形見のリングに合わせたロイヤルブルーのドレス（ISSA LONDON）は、安価なコピーもスーパーマーケットチェーンで大量に出回り、それらにウェイティングリストができるほど。担当部署名は「ウェイティ・ケイティ」（ずっと待っているケイトちゃん）。出会いから破局を経てプロポーズにいたるまで一〇年という、二人の長い恋愛期間を踏まえての、イギリスらしい命名である。

結婚後もなお、キャサリン妃の着る服はことごとく話題になり、莫大な「ケイト効果」をもたらし、二〇一二年には『タイム』誌に「もっとも影響力のある一〇〇人」の一人に選ばれた。

帽子から靴、ヘアメイクにいたるまで細かくチェックされ、ブランドの売り上げを左右するほど影響力を発揮してしまうことを自覚しているキャサリン妃は、結婚後は、さらに巧妙に服を選んでいる。着用した服のブランド名はメディアに発表されるが、キャサリン妃が着た服と同じものはすでに売り切れていたり、昨年や一昨年のデザインであったりして、同じものを入手できないことが多いのである。

直接的な経済効果は、むしろチャリティの面に表れている。ロイヤルウェディングで着用したドレスはバッキンガム宮殿に展示されたが、六二万人を集め、収益は約一〇〇〇万ポンド（一二億円）と報じられ

ダイアナ妃婚約指輪のレプリカ

た。(2) その一部がチャリティに回っている。公の場で初スピーチもおこなったときに着用したチャリティブレスレットも売り上げを伸ばした。

ファッショナブルに社会貢献する時代感覚を生かし、ロンドンをファッション都市に押し上げ、世界中からファッションを模倣されるキャサリン妃だが、必ずしも好意的な評価ばかりではない。

長い髪は王室の伝統にそぐわないという批判は根強いし、二〇一四年二月には、膝が隠れる長いスカートをはきなさいとエリザベス女王からの命令を受けていることが報じられている。(3) 靴のヒールが高すぎるという批判もある。

それでも、キャサリン妃は、自分のスタイルを改めない。ヘアスタイリストであるアマンダ・クック・タッカーを外国へ行く時にも常に同伴し、長い髪を常に艶やかに巻き、アレンジのバリエーションを見せる。(4) 靴の中敷きに疲れないための細工を施し、高いヒールの靴を履き続ける。スカート丈に関しては膝が隠れることが多くなったが、デザインによっては時々、膝小僧がちらりと見えている。そんなふうに、批判にあおうと自分らしくいられると感じられるスタイルを貫く強さが、ますます世界中から多くの支持を集めている。

意外と頑固なスタイルへの意志、愛らしい笑顔を支えるのは、長い恋愛期間に、自分とウィリアムとの関係を見つめ続けたことから築いた、一人の女性としての静かな自信であるように見える。

ジョージ王子に受け継がれるファッションの「才能」

二〇一三年七月、ロンドンのセントメアリー病院で、ケンブリッジ公爵夫妻の第一子として生まれたジョージ・アレクサンダー・ルイ王子は、イギリス王室の歴史始まって以来の、ワーキングクラスの血をひく王位継承者となる。同時に、「国民の心のプリンセス」ことダイアナ妃の血をひくので、「国民のプリンス」とも称される。

愛らしくも堂々とした風格を漂わせるジョージ王子は、スタイルアイコンとしてもすでに頭角を現している。ダンガリーのロンパースとポロニットをはじめとするジョージ王子の子供服の宣伝効果は、キャサリン妃にも負けていない。ジョージ王子が身につけている靴ブランド、セーターのブランドはすでに「ジョージ効果」を公言している(5)。

二〇一五年には、英『GQ』誌によって英国を代表するベストドレッサーのひとりにも選ばれている。第四九位であるが、史上最年少である。

当時、ランヴァンのデザイナーだったアルベール・エルバスはそんなジョージ王子について、次のようなコメントをおこなった。

ジョージ王子，オバマ大統領に会う（2016年）

「偉大なる彼の大伯父、エドワード8世や、祖父にあたるチャールズ皇太子の後を継ぎ、彼もメンズファッションに大きな足跡を残していくだろう。才能があれば、始めるのは早いほうがいい(6)」

シャーロット王女もまた、エリザベス女王の幼少時に生き写しの堂々たる風格と愛らしさを備え、スタイルアイコンとして大人気を誇る。

イギリス王室の歴史をふりかえると、外国から国王を迎えたり（一八世紀、ハノーヴァー王朝の国王は、ドイツ語しか話さなかった）、階級をとびこえて新しい血を取り入れたりすることで、激しく変化する時代を脈々と生き抜いてきた。外に開かれていることで、逆にますます強い生命力を誇っているのである。完全に閉じた世界であった他国の王室がもう存在しないということを思えば、そのタフでしたたかな強靭さに驚かざるをえない。

神秘的な権威を保ちながら、世界の現実を反映する穏やかな現実性をとりいれる。

伝統に裏打ちされた強固なロジックを持つようでいて、意外とあっさり変わりうる。

その秘訣として、ファッションが少なからぬ貢献をしているのである。ファッションを通して、イギリス国民のみならず、世界中の人々が、今を生きるイギリス王室のメンバーひとりひとりに、憧れや親近感、共感を抱く。少なくとも、常にイマジネーションをかきたてられるのである。王室メンバーは、ファッションを通して、人々の心を動かしているといってもいい。ロジックだけでこれはできない。

そうして常に、同時代を生きる人々の期待に応え、イギリス王室は、ひとつのシンボルとして光り輝き続けている。

（1）“Sarah Burton on Kate's Dress”, The New York Times online, 29 April 2001.
（2）Gordon Rayner, “Duchess of Cambridge's wedding dress helps raise £10 million as Buckingham Palace visitor numbers soar”, Telegraph.co.uk, 18 Jul 2012.
（3）Katie Nicholl, “Out go the short skirts, on with the tiaras: It's Kate's regal makeover…by order of the Queen!”, Mail Online, 2 Feb 2014.
（4）Katie Rosseinsky, “Meet Amanda Cook Tucker, Kate Middleton's Go-To Hairdresser”, Graziadaily.co.uk, 30 Jan 2018.
（5）Daniel Uria, “Prince George's $39 robe from Obama meeting Sold out in minutes”, UPI.com, 23 April 2016.
（6）Robert Johnston, “50 Best Dressed Men in Britain 2015”, British GQ online, 5 Jan 2015.

コラム

スローン主義　英国ファッションにおける「貴族主義」とは

モード界において、しばしば「ブリティッシュ」「英国主義」「スローンスタイル」「スローニースタイル」「ネオ・スローン」といった英国風トレンドが訪れる。一九八〇年代ごろから飽きず繰り返し浮上し、語られ、上書きされていくそのトレンドの起源と実態はどのようなものなのか？

元祖スローン・レンジャーとスローニー

一九八二年、イギリスで『スローンレンジャー・ハンドブック』[1]が出版され、各国に翻訳されてベストセラーになった。ダイアナ妃とチャールズ皇太子が前年に結婚式を挙げており、世の中がダイアナ妃ブームに沸いていたころである。ダイアナ妃はスローン・レンジャー（Sloane Ranger）の代表格とみなされ、その行動様式やファッションに、世界中から羨望ないし注目が集まっていた。

スローン・レンジャーとは、「スローンスクエア」と「ローンレンジャー」（テレビドラマのタイトル）をかけ合わせた造語である。ロンドンでおしゃれな人が出没する頻度が高いスローンスクエア近辺を闊歩するイギリスの良家の子女およびその信奉者をさす。

「ローンレンジャー」は一九三三年にオリジナルのラジオドラマが放映されて以来、繰り返しドラマ化、映画化されてきた。黒い仮面をつけ、白馬に乗った主人公の姿は、日本でも「アメリカ版鞍馬《くらま》天狗《てんぐ》」として親しまれた。ただこのことばには、孤独な放浪者というニュアンスがあり、スローン・レンジャーに対しても、友達がいない気取り屋という皮肉が若干込められている。

スローン発のファッションとして当時、脚光を浴びたスタイルは、保守的でロマンティックなお嬢様トラッド。週末はカントリーで過ごし、乗馬を楽しむというライフスタイルを反映する乗馬テイストや、動植物などのカントリーモチーフも人気を博した。三〇年後、すなわちダイアナ妃の長男であるウィリアム王子とキャサリン妃が結婚した二〇一一年ごろであるが、再びスローンに注目が集まることになる。

母世代の「レンジャー」と区別すべく、この地区を闊歩する子女は「スローニー」と称される。アイコンはキャサリン妃。万人うけする保守性と、キュートな刺激が共存する新・社交スタイルとして、スローニー・スタイルは世界で一大ブームになった。日本も例外ではなく、各ファッション誌が特集を組んだ。あまりのフィーバーにうんざりした本国では「スローンアップ（thrown up, 吐くという意）」というエチケット袋まで登場させてトレンドを揶揄するほどだった。

王室は崇拝するが、政府への信頼はずっと下

そして二〇一八年、ヘンリー王子とメーガン妃の結婚を受けて、あらためてスローンスタイルが浮上した。ダイアナ妃、キャサリン妃、そしてメーガン妃、それぞれの時代によって表層のトレンドは変化しているものの、底流にあるスローン主義は変わっていない。

スローン主義とは、はっきり言ってしまえば、英王室を頂点とする英国貴族的なプライドを意味する。スローンのメンタリティじたい一八世紀からそれほど変わっていない保守的なものであるが、彼らがもっとも嫌うものを知ると、その輪郭がより明瞭になるだろう。

彼らが嫌うもの、それは成り上がり的な態度、富を誇示する成金的なスタイルである。ついでにいえば、知識階級もあまり好みではない。議論の深追いなど、貴族はしないのである。控えめながら、複雑で、寛容やユーモアもあり、しかし一線を引くべきところは黙って引く排他的で保守的な貴族主義。王室とりわけ女王への敬愛は絶対だけれど政府ははるか下に見る。これを抗いがたい魅力として表現するのが、スローン主義なのである。

ハイネック、乗馬、チェック柄、バーガンディー&グリーン

そのようなスローン主義は、新・英国貴族主義とも呼ぶべきトレンドとして、次のような表層の中に繰り返し現れる。

まずは、ハイネック。歴代英国貴族の肖像画を並べてみると一目瞭然であるが、男女を問わず貴族の装いの特徴として、首まわりが固定されていることが挙げられる。

狙われやすい首を守るためでもあったが、何よりも、召使や臣下に絶対的な指示を出す高位の立場にある者として、首をふらつかせないためである。迷い、ふらつく首を見せないのは貴族のたしなみのひとつなのだ。ハイネックはその名残りにほかならない。

次に、乗馬テイスト。英国のアッパークラスのライフスタイルを反映したものである。ちなみにエリザベス女王の第一王女であるアン王女は馬術でモントリオールオリンピックに出場している。その長女ザラ・ティンダルもロンドンオリンピックに出場、総合馬術で銀メダルを獲得している。ザラは乗馬服のラインZP176もプロデュースする。幼少時より乗馬をたしなんできた階層ならではの媚《こ》びのないアウトドアウエアには、「テイスト」なんて表現は恐れ多くてとても使えるものではない。

そして、チェック柄[2]。タータンチェックの起源はスコットランドの氏族の家の柄であるが、一九世紀、ヴィクトリア女王の時代に、女王がスコットランドを愛したことから商業的に広まった。バーバリー、アクアスキュータムをはじめとする英王室御用達ブランド

オリンピックで活躍したザラ（2012年）

もこれを製品に取り入れていることもあって、すっかりイギリスの伝統と格式を表す柄として定着するにいたる。

最後に、バーガンディーやグリーンといった深みのある色。この色が映えるのは、最先端の建築が立ち並ぶ地区よりもむしろ、貴族好みの壮麗な一八世紀風建築が立ち並ぶ地区なのである。秋冬のロンドンの空の灰色、よく手入れされた庭や公園の緑、そして建物のレンガ色。深い色が彩る景観に、バーガンディーやグリーンの上質な素材で作られた服が美しく調和する。

紋章に使われる赤は勝利と支配を表し、緑は穏やかさの象徴であることも、貴族的気分と無関係ではないと思われる。

エリザベス女王だけは常に別格で、「女王はここにいる」ということを大衆にはっきりと知らしめるために、鮮やかな色を着ている。

そんなこんなの細部に現れる新・貴族主義であるが、原則遵守は中産階級的であり、ときには大胆なルール破りをすること（「ブレーキング・ルールズ」）も貴族らしさに不可欠なふるまいであることを忘れてはならない。

この高きハードルがあるからこそ、スローン主義こと英国貴族主義は、時を超えて魅力的であり続けているのである。

（1）　Ann Barr and Peter York, *The Official Sloane Ranger Handbook: The First Guide To What Really Matters*

In Life（London: Ebury Press, 1982）

（2）Checkという語じたいは、チェスで「王手」を意味するペルシア語「シャー（shah）」に由来する。シャーは王様（king）のことである。

3　サセックス公爵夫妻の誕生、ヘンリー王子 1984- とメーガン妃 1981- の結婚式

二〇一八年五月一九日、快晴に恵まれたウィンザーのセント・ジョージ礼拝堂において、イギリスの王位継承順位第六位のヘンリー王子（一九八四〜）と、アメリカ人の女優メーガン・マークル（一九八一〜）の結婚式が執りおこなわれ、二人は正式にサセックス公爵夫妻となった。

のどかなウィンザーでおこなわれた結婚式は、ロンドンの聖ポール寺院でのロイヤルウェディングほどの威厳や格式はないけれど、あたたかでくつろいだ空気があって、肩の力が抜けて風通しよく、何よりもこの二人にふさわしく、愛に満ちていた。

世界中が注視したこのロイヤルウェディングは、多くの点で革命的であり、また時流を反映した斬新なスタイルでおこなわれた。英王室は公式にSNSを通して結婚式の一部始終を、参加者一人一人の一挙一投足、微細な表情の変化にいたるまで、クローズアップで撮影し同時中継した。

エリザベス女王の戴冠式での一瞬のクローズアップがスキャンダルとされた(1)時代から半世紀。神秘主義よりもむしろ、自らここまで親切に公開する姿勢がイギリス王室のイメージアップに貢献し、ひいては莫大な「英国」の広告効果をもたらしていることはもはや疑いようもない。

男は、軍服

ヘンリー王子は、チャールズ皇太子とダイアナ元妃の次男で、イギリス王位継承者第六位である。ヘンリー王子はイートン校を卒業後、外国でモラトリアム期間を過ごし、サンドハースト陸軍士官学校に入学。卒業後に近衛騎兵連隊に配属され、実際にアフガニスタンで戦闘に参加。二〇一五年、陸軍大尉として除隊する。

王子はイートン校在学中から飲酒事件などのスキャンダルを頻繁に起こし、ナチスのコスプレ事件(2)や全裸写真事件など、絶えず大衆紙を賑わせてきた。その論調はどこか「やんちゃなハリー（ヘンリー王子の愛称）がまたやらかした」というものであったとはいえ、王室メンバーにとっては好ましからぬ写真が世間を賑わせていた。

結婚前の王子の装いは、公務以外では、ジーンズや襟元を開けたシャツ、野球帽やラガーシャツなど、ごく庶民的(3)。シャツの裾がズボンからはみ出していることもあり、服装に無頓着なそんな様子が、くしゃくしゃの赤毛とはにかんだ笑顔とあいまって、愛すべきひょうきん者という好印象を与えていた。

軍服姿のヘンリー王子（2015年）

そのイメージを払拭し、国家のために貢献する好男子というイメージに書き換えたのが、軍服姿のヘンリー王子の写真であった。

いくら普段の言動においてだらしないところがあったとしても、やはり王室のメンバーにして元軍人。ここ一番の王室行事では威厳のある軍服の正装や、一部の隙もないクラシックな礼装で登場する。普段とセレモニー時の大きなギャップこそが、ヘンリー王子の最大の魅力であり、多くの女性が憧れを覚えるポイントでもあった。

あごひげもはやし、祖父にあたるフィリップ殿下の若いころと、ファニーなユーモアの感覚も含め、瓜二つという記事が大衆紙に紹介された(4)。

ヘンリー王子をめぐる報道を見るたびに、たとえ揶揄の調子があったとしても、国民全体が、幼い時に母を亡くした王子の成長を、遠い親戚のように見守っているのだ、というどこかあたたかな印象を受ける。

「世界でもっとも結婚したい独身男」の最後の恋人

結婚前、ヘンリー王子は「世界でもっとも結婚したい独身男」という異名をとり続けてきた。これまでのガールフレンドも執拗に好奇の目にさらされ続けた。もっとも長かったのはジンバブエ出身のチェルシー・デイビーとの交際で、二〇〇四年から二〇一一年まで続いた。その後、クレシダ・ボーナスと二年間の交際を経て「友好的に別れ」、そして新たな恋の相手として浮上したのが、離婚経験のある年上のアメリカ女優メーガン・マークルであった。

「離婚歴のあるアメリカ女性」ということばから連想するのは、「王冠をかけた恋」のスキャンダルのヒロイン、ウォリス・シンプソンだが、時代は二一世紀だし、ヘンリー王子は次男で、王位継承者としては兄のウィリアム王子、甥のジョージ王子、姪のプリンセス・シャーロット、甥のルイ王子に次ぐ順位である。もし結婚の話が出たとしても、王室関係者や「世間」が猛反対するということは、考えにくい。

ヘンリー王子は二〇一七年の初め、メーガン・マークルをケンジントン宮殿に案内し、メーガンをキャサリン妃とシャーロット王女に紹介したと報じられた。いきなりファミリー全員に紹介するのではなく、徐々に王室メンバーに会わせていくというヘンリーの作戦ではないかと思われた。

噂や憶測がタブロイドをにぎわす中、二〇一六年一一月八日、イギリス王室が声明を発表した。王子の新しいガールフレンドであるアメリカ女優メーガン・マークルへの中傷や攻撃が「一線を越えた」ことに対する苦言と、彼女と自分のプライバシーを守ってほしいという懇願がその趣旨であった。これによってはじめて二人の交際が公認されたという異例の声明でもあった。

メーガン・マークル

メーガン・マークルはカリフォルニア州ロサンゼルスの生まれで、母はアフリカ系アメリカ人、父はオランダのアイルランド系白人だが、両親はメーガンが幼いころに離婚している。ノースウェスタン大学では演劇と国際関係を学んだ。

女優としてのキャリアは二〇〇二年にスタートするが、二〇一一年から出演したテレビドラマ『スーツ』のレイチェル・ゼイン役で知名度を上げている。

一一歳からすでに社会活動に目覚め、小学校の授業で視聴したP&Gの台所用洗剤のコマーシャル、「アメリカ中の女性が、鍋やフライパンのしつこい油汚れと闘っている」というキャッチフレーズを「アメリカ中の人々が、鍋やフライパンのしつこい油汚れと闘っている」と変更させたエピソードがある。国連組織UNウィメンの支持者として「国際女性デー」にスピーチをするなど、フェミニストとしても知られる。

私生活では離婚歴があるが、最初の結婚は二年ももたなかった。

ヘンリー王子とメーガン（2017年）

つまり、メーガン・マークルは「離婚歴のあるアメリカ女性」であり、「黒人の血が半分流れている」ということにおいて、旧来の保守層の価値基準であれば候補から外れる女性であった。前述のマーガレット王女は、相手に離婚歴があるということで、タウンゼント大佐との結婚をあきらめるよう、相手と引き離されている。

さらにその上、両親が離婚したあと、再婚した父方の家族には、問題が多かった。メーガンが英王室にふさわしくないという誹謗中傷を流し、父親にいたっては、タブロイドに「やらせ」写真を売ったことが暴露されたりするなど、メーガンのイメージダウンにことごとく貢献した。結婚後もなお親族の中傷は続いている。

しかし、エリザベス女王は果てしなく広がる海のような愛と寛容でメーガンをロイヤルファミリーとして受け入れ、国民からの大きな反対もなかった。

結婚する「個人」と、その個人にはほぼ無関係な、理不尽な家族の問題を切り離し、「個人」を尊重して守り抜いた英国王室の対応は、時代にふさわしく理性的な成熟の印象を与えた。

ひげとそばかすとメッシー・バン

さて、結婚式当日であるが、宮殿の広報官より、結婚式は動画で生中継されたばかりでなく、式の詳細が情報の洪水と思えるほど、随時発表された。SNSで宮殿の広報をフォローしていると、新しい情報が写真や動画とともに大量に送られてくる。この報道スタイルが、なによりも新しかった。

ヘンリー王子が着用したのは、イギリスの近衛騎兵連隊ブルーズ・アンド・ロイヤルズのフロックコート型制服である。本来、制服を着用するときにはひげをそるべきなのであるが、そってなかったのはいつものヘンリーらしいと逆に好感を与えた。ちなみに、ジョージ王子はじめページボーイたちが着用していたのも、ブルーズ・アンド・ロイヤルズのミニチュア版だった。幼い王子が長ズボンをはくのも、伝統にはなかったことである。

メーガン妃は肉厚のシルクで作られた、抑制のきいたウェディングドレスを着用して登場した。ブランドは、イギリスでもなくアメリカでもない、フランスのジバンシイ。ただ、クリエイティブ・ディレクターはイギリス出身のクレア・ワイト・ケラーという賢い選択だった。

レースもパールもフリルもついてない、素材のよさと構築性だけで見せ、鎖骨の美しさを強調するドレスは、抑制が効いていた分、かえってメーガン妃のナチュラルな自信にあふれる表情を引き立てていた。

メーガン妃のヘアメイクもヘンリー王子とバランスをとるかのように「いつもの」スタイルで、そばかすを生かした薄づきの艶肌に、メッシー・バン（messy bun）。顔回りにほつれ髪を残す、決めすぎないまとめ髪のことである(5)。仕上げに、エリザベス女王から貸し出されたバンドゥー・ティアラを着用した(6)。ブーケはフィリッパ・クラドックが制作した。使用した花の一部をケンジントン宮殿の庭園で摘んだのはヘンリー王子である。そんなエピソードまで宮殿が公表した。ブーケにはダイアナ妃が好きだった「フォーゲットミー・ノット（忘れな草）」のほか、スイートピーやスズラン、ケンジントン宮殿内の二人の新居、ノッティンガム・コテージ前に咲くロウバイと、メーガンが生まれたカリフォルニア州の州花、ハナビシソウ（別名カリフォルニアポピー）がアレンジされていた(7)。

株を上げたチャールズ皇太子

メーガン妃の足を一番引っ張ったのは、前述のとおりメーガンの親族で、メーガン妃の母親ドリア・ラグランド（式当時六一歳）はたったひとりの親族代表として式に出席する羽目になった。

オスカー・デ・ラ・レンタの淡いグリーンのコートドレスで装った、メーガンとよく似たドリアは、時折、涙ぐみつつも、凛としたたたずまいを崩さなかった。結婚式前に飛び交った多様な誹謗中傷にも無言を貫き、娘を守った芯の強さは、この母にしてメーガン妃ありという印象を与えた。

祭壇までエスコートしてくれるはずの父親が出席しない。この状況にもメーガン妃は冷静に対処し、チャールズ皇太子にヴァージンロードを一緒に歩いてくれるよう、依頼していた。式当日、一人で入り口まで歩いてきたメーガンの隣に、チャールズ皇太子はごく自然に寄り添い、エスコートした。

式の直後も、たった一人で出席している花嫁の母ドリアを、チャールズ皇太子は常に気遣い、どこまでもさりげなく優しくフォローしていた。その結果、メーガン妃とドリアがファミリーの一員として歓迎されていること、ロイヤルファミリーが彼女たちを守ろうとしているということを世界に示すことになり、かえってよい効果を奏した。この結婚式でもっとも株を上げたのは、チャールズ皇太子であったかもしれない。

異例尽くしを包み込んだ愛

式の内容としてもっとも衝撃を与えたのは、黒人文化の色が濃厚に出ていたことである。

アメリカ聖公会の黒人のカリー主教が、キング牧師の言葉を引用しながら、iPad を前に、大上段から熱い説教を長々とおこなった。イギリス人はこのように感情を全面に出す正論をあまり得意としない。しかし、列席者はくすっと笑ったりちょっと困った顔をしたりしつつも、ユーモアと寛容の精神をもって、しょうがないねという感じで受け入れていた。

さらにその後、アメリカの黒人ゴスペルグループによる「スタンド・バイ・ミー」が流れる。イギリス王室の結婚式でゴスペルが流れるということは前例のないことであった。すべてメーガン妃のルーツを尊重した配慮であろう。

列席者のなかには各国の王室メンバーや政治家は少なく、新郎新婦の個人的な関係が強いゲストが多く招かれ、結果として、英国貴族よりもむしろ両国のセレブリティが目立った。エルトン・ジョン、デイヴィッド&ヴィクトリア・ベッカム夫妻、ジョージ&アマル・クルーニー夫妻……。ドラマ『スーツ』の共演者たちもいて、まるでドラマの続きのような錯覚も与えた。ヘンリー王子とかつて七年間交際していた、つまり元彼女であるチェルシー・デイビーや、王族と離婚したヨーク公爵夫人セーラ(8)までが出席していたことは、日本の常識ではほぼ考え難いことで、極め付きの寛容と見えた。

そうした「異例」尽くしの式の間、新郎新婦はずっと手を握り合い、見つめ合い、微笑み合っていた。ケンブリッジ公爵夫妻の結婚式では、ウィリアム王子はキャサリン妃の手を上品にとっていたが、ここまでがっちりと手を握り合うことはしなかった。

握り合う手に見える二人の結婚指輪を制作したのは、クリーブ・アンド・カンパニー。メーガンの結婚指輪に使われているのはウェールズ地方だけでとれる貴重なウェルシュゴールドである。王室では、このゴールド一〇〇%の結婚指輪をおくるのが伝統だが、ヘンリー王子のそれはプラチナである。

ともあれ、王族がこれほど強い愛情表現をすることじたい、前例がない。

王室の権威と、個人の幸せ

こうした異文化の包摂、異例尽くしの愛と寛容の表現は、全世界に対して、明らかにメッセージを発していた。

アメリカでは頻繁に銃乱射事件が起きていたり、中東ではあわや第三次世界大戦に向かいかねない紛争が起きていたり、イギリスはEUを離脱するにしかねて政治的混乱をきわめていた。また、日本では政治が完全に崩壊していることに国民がマヒしていたり、他の国でも自国第一主義の排他主義が起きていたりと、世界が不穏な方向へ行きそうな暗雲がたちこめていたところに、このロイヤルウェディングがおこなわれた意味はとても大きいものだった。

人種や国や階級の違いによるバッシングや、家族の不和によるスキャンダルなど、あらゆる障壁を乗り越えて愛によって結婚した二人が、人間社会の救世主のように、たとえ一時であろうと、穏やかで幸せな感情で世界を満たした。

いろいろあって不幸も困難も乗り越えてきたエリザベス女王率いるロイヤルファミリーは、愛を貫くカップルを守ろうとしており、それをあたたかい目で見守り祝福する国民も優しい。

世の中がどうなっていくのだろうという不安と絶望のなかで、人種や階級が異なっていても、過去に問題があったとしても、愛と思いやりさえあればファミリーになりうるというポジティブな力を英国王室が見せたのである。

しかも、完璧ではない二人（ヘンリー王子もさまざまなスキャンダルを起こしてきた問題児であった）の結婚式で発信されたことにも意味がある。問題の多い家族に悩まされている人は多いけれど、家族は家族であり、自分は自分で幸せを追求していい。そんなことを英王室が是認するような役割も果たした。

ひょっとしたら、それは積極的な是認ではなく、個人の幸せよりも王室の権威を重視しすぎたために起きたマーガレット王女やダイアナ妃の不幸を、二度と繰り返さないための、あきらめに近い是認であったかもしれない。また、ヘンリー王子が王位継承位六位という、比較的、王位から遠い立場にあるからこそ許された結婚であり、式の演出だったかもしれない。

しかし、少なくとも、個人の愛を基盤とする幸せが何にもまして尊重されるべきということを英王室が世界に向けて発信したことは、画期的なことであったのだ。

すべてはダイアナ妃から始まった

礼拝堂での式のあいだ、もっとも存在感を発揮していたのは、実は、そこにはいないダイアナ妃であった。礼拝堂には、ダイアナ妃のためと思われる空席があった。その空席は、ダイアナ妃ならばこの結婚を絶対喜んで許したであろうから、誰にも文句を言わせない、そんな空気を漂わせていた。

ダイアナ妃こそが、幼いヘンリー王子に、人種の壁を超えて人を愛することを教えたまさにその人だからである。ダイアナ妃の愛も、チャリティ活動も、ふつうに生きることを大切にすることも、すべてヘンリー王子に受け継がれている。そしてヘンリー王子は、「愛する人を見つけたら、何があっても、しっかりと抱きしめていなさい」という母の教えを守り、メーガンと結婚したのであった。

その意味で、この結婚の原点はダイアナ妃にあると言えるのだ。新郎新婦が誓いの言葉の最中にずっと手をつないだりさすったり、終始、幸せそうに見つめ合っていたことも、感情を表に出すことをよしとしてこなかった英国王室の伝統に則ってはいない。しかしヘンリー王子は、感情の表現を無視しがちだった英国人をエモーショナルに変えたダイアナ妃の息子。そう考えると、ますますダイアナ妃の存在が強く感じられるのだった。

具体的なダイアナ妃へのトリビュートとしては、挙式で旧約聖書の一篇を朗読したのがダイアナ妃の姉であったこと。式場の花にはダイアナ妃が好んだ白バラが飾られ、ブーケには妃が愛した「忘れな草」が取り入れられていたこと（これは前述の通り王子が手摘み）。そして、妃が好きだったウェールズの聖歌を歌ったことなど。

のちのレセプションでは、メーガン妃はステラ・マッカートニーのドレスに着替えたが、指には、ダイアナ妃がつけていた「アスプレイ」のアクアマリンの指輪をつけていた。このように、実際、いたるところでダイアナ妃の存在を感じさせていたのである。

新婦のヴェールは長さ五メートルで、そこにはイギリス連邦五三か国、それぞれの国の花が刺繡されていた。メーガンの出身地、カリフォルニアの州花も加えられていた。英王室の式典に使われるドレスの伝統である植物の刺繡だが、このヴェールは、英連邦というより、地球全体の統合の象徴であるように思えた。「愛と寛容」のシンボルである小麦も、これらの花の中にまじって刺繍されていた。

この結婚は、現代において地球上のいたるところで唱えられているダイバーシティ（多様性）やインクルージョン（包摂）のこの上ないお手本だったといえる。『テレグラフ』紙が「ヒーリング・ユニティ（癒しの統合）」[9]という表現をしていたが、ぎすぎすした世の中をあらゆる種類の愛と寛容で癒すような効果のある統合力、そんな影響力を感じさせた。

とはいえ、あのヘンリー王子がそうなることを意図していたとは思えず、神の見えざる力が働いたか、もしくはダイアナ妃の天からの導きがあったかもしれないと思いたくなる。

シャーロット王女、ジョージ王子ら小さな美しい王族たちも茶目っ気たっぷりに活躍し、英王室の現状と未来は希望に満ちて輝かしいことを全世界に印象づけた。

驚きと感動にあふれていた式が、「ゴッド・セーブ・ザ・クイーン」の斉唱で大団円を迎え、それを、いつもどおり、エリザベス女王が、自らは歌わず、憮然とした表情で聞いていた。これが変わらぬ英王室の底力である。

（1）　BBCドキュメンタリー『世界に衝撃を与えた日1　エリザベスⅡ世の戴冠とダイアナ妃の死』二〇〇二年。
（2）　二〇〇五年一月一三日、二〇歳のヘンリー王子がパーティーでナチスのコスプレをおこなった写真がタブロイド紙のトップに掲載され、ヘンリー王子がすぐに謝罪したことが報じられている。BBC　http://news.bbc.co.uk/2/hi/4170083.stm

(3) Robb Young, "Prince Harry: Style Icon or fashion disaster?", BBC, 7 May 2013.

(4) 一九五七年、『パリ・マッチ』の表紙になった、ひげのフィリップ殿下と、現在のひげを生やしたヘンリー王子が瓜二つということを示す写真つきの記事。Eun Kyung Kim and today, "Royal look-alike: Prince Philip looks like grandson Prince Harry in 1957 pic.", Today, 22 Oct 2018.

(5) ヘアの担当は、セルジュ・ノーマン。『セックス・アンド・ザ・シティ』の主演女優サラ・ジェシカ・パーカーのヘアも担当する有名スタイリストである。

(6) もとはメアリー王太后（エリザベス女王の祖母にあたる）のために一九三二年に創られたティアラである。

(7) ウェディングブーケは、通常の結婚式のようにブーケトスはなされず、翌日、ウェストミンスター寺院へ送られた。ここには無名の戦死者が埋葬されている墓地がある。この慣習を始めたのは、クイーンマザー（エリザベス・バウズ＝ライアン）。一九二三年にジョージ6世と結婚したときにそのようにした。エリザベス妃の兄ファーガスが第一次大戦中の一九一五年に戦死しており、ウェストミンスター寺院にはその戦いをはじめとして外国との戦争で命を落とした多くの兵士が埋葬されている。女王、ダイアナ妃、キャサリン妃も後に続き、ウェディングブーケをウェストミンスター寺院に送る「伝統」ができあがった。

また今回のウェディングでは、ブーケはロンドンのセント・ジョセフ・ホスピスにも送られた。

(8) ヨーク公爵アンドルー王子（エリザベス女王の第二子）の元夫人。結婚期間は、一九八六年から一九九六年。

(9) Justine Picardie, "The Royal Wedding is a day of healing unity for Britain and the World", Telegraph.co.uk, 18 May 2018.

コラム

ロイヤル・ファブ・フォー　Togetherness at its Finest

ケンブリッジ公爵夫妻ことウィリアム王子&キャサリン妃、そしてサセックス公爵夫妻ことヘンリー王子&メーガン妃、この四人が揃った光景が「ファビュラス」で写真映えし、絶大な王室宣伝効果を発揮するということで、二一世紀の「ファブ・フォー（Fab Four 素敵な四人）」と呼ばれている。

ファブ・フォー誕生

そもそもファブ・フォーとは、一九六〇年代、ビートルズの四人のニックネームとしてつけられた。Fabulous ということばの語源にあるのは Fable, 寓話である。寓話のように、伝説のようにすてき、美しい、という意味が「ファビュラス」にはある。

始まりは、二〇一七年一二月、王室恒例行事であるクリスマスの礼拝である。当時まだヘンリー王子の婚約者であったメーガン妃も参加し、はじめて四人が一緒にいる光景がメディアに掲載された。四人の調和のとれたそのファビュラスな効果は、旬の輝きを放ちながら絶大で、ちらほらと「ファブ・フォー」とはささやかれ始めていた。

メディアが大々的に「ファブ・フォー」と騒ぎ始めたのは、二〇一八年二月、ロイヤル・ファンデーション主催のチャリティ・イベントに、四人が壇上に並んだ時である。キャサリン妃はルイ王子を妊娠中であったが、二人の王子が妻と婚約者を引き立てるように両端に座り、くつろいだ雰囲気のなか、時折、笑いが起きるすばらしいインタビュー会見をおこなった。チャリティ活動に関する四人の結束をアピールするこの会見で、メーガン妃が名セリフを言う。「最良な状態での私たちの団結（Togetherness at its finest）」。翌日のメディアには「ファブ・フォー」の文字が躍った。

伝記作家のアンドリュー・モートンは、四人の効果についてABCテレビの番組『20／20』でこのように語る。「ハリー、ウィリアム、メーガン、そしてキャサリンの四人は、ロイヤル・ビートルズのようだ」と。「彼らは王室を進化させる本物のスターとみられている（注）」。

四人並ぶことで際立つそれぞれの個性

実は、イギリス王室には元祖ファブ・フォーがいる。チャールズ皇太子とダイアナ妃、そして皇太子の弟アンドルー王子とその妻だったセーラ妃の四人である。一九八七年、

チャリティ・イベントにて（2018年）

スイスのスキー場で四人並んだ姿がメディアを飾り、ファブ・フォーと書きたてられてはいた。とはいえ、チャールズ皇太子だけ年齢がひとまわり上で、夫たちは他の女性に目が向いていた。妻たち二人はもともと親友でもあったのだが、団結は薄く、結局、二組とも離婚し、四人組は自然消滅した。

二一世紀のファブ・フォーは、元祖と比べると、四人の年齢も近く、夫婦二組が確かな愛情で結ばれていることで、結束も強いように見える。全員がチャリティに対して同じ方向を見ており、世界を良くするために団結すると表明している。それでいて、四人それぞれがキャラクターを確立させ、ほぼ同等のスター性を持っている点も強みである。

四人が並ぶと、それぞれの魅力の輪郭が、より際立つ。ウィリアム王子は、英国上流階級の良識とユーモアを備え、ほどよい賢さがあり（ほどよく賢いのがもっとも受け入れられやすいことを知る頭のよさがある）、妻キャサリン妃を対等のパートナーとして扱う現代的な感覚の持ち主でもある。キャサリン妃は、ファッションアイコンとしては不動の地位を占め、三児の母としての余裕も醸し出している。

ヘンリー王子は、かつてやんちゃなはみだし者扱いだったのだが、今は最愛の人を得て落ち着き、無理なく「王道」の方向に歩みを進めている。そしてメーガン妃には女優の貫禄を感じさせるメンタルの強さがあり、夫からの愛情を確信しているという自信にあふれている。

キャサリン妃、メーガン妃、それぞれに現代的な「強い」女性なのであるが、二人の強さの違いも、並んでみると、明らかになってくる。キャサリン妃は、長い先を見続ける戦略的な強さをもっている一方、メーガン妃は、今この瞬間の自分自身の判断や行動に対して、絶対的な自信をもち、それが強さの印象を形づくっているのである。二人は髪型やスタイル、服装のテイストなど一見、似ているようで、実はそれぞれのファッションは異なる「強さ」の反映にもなっている。キャサリン妃は、三シーズン先にも着られそうな服を着用するが、メーガン妃は、今このシーズンに旬であるというデザインを選んでいる。

四×四倍となる王室宣伝効果

そんな二人の妻たちがファッションアイコンとしてカメラのフラッシュをより多く浴びても、夫であるウィリアム王子とヘンリー王子はまったく嫉妬するそぶりを見せない。むしろ、いつも笑顔で妻たちを引き立てながら、何か事あれば愛する女性を守る、という懐の深い余裕を感じさせる。その点、かつてチャールズ皇太子がダイアナ妃の人気に嫉妬していたことと対照的である。

メーガン妃がキャサリン妃を尊敬し、その立ち居振る舞いをお手本にしているという報道、ウィリアム王子とメーガン妃が冗談を言い合って笑っていたりする光景、さらに、人前で互いに触れ合ったりすることをこれまで避けてきたウィリアム王子とキャサリン妃が、ヘンリー王子&メーガン妃に倣って互いに触れるようになってきたという事実も、ファブ・フォーをいっそう好印象にしている。四人そろうことで王室宣伝効果が四倍になるのではなく四の二乗、一六倍にはなっている。

何より、幼少時に母を亡くした二人の王子の絆の強さがファブ・フォーの安定した土台になっているのだが、王子たちに不足を感じさせないよう、愛情を注いできたエリザベス女王の存在も大きい。女王がどっしりと構えているからこそ、若い四人が輝くことができる。二〇一八年七月におこなわれたルイ王子の洗礼式の公式写真にはエリザベス女王がいなかった。その不在はかえって、エリザベス女王は一人でファブ・フォー四人分くらいの存在感をもつのだということを実感させた。

高齢になったエリザベス女王は海外公務を控えているので、四人が活躍する舞台は、しばらくの間、増えることが予想されている。

ただし、今後の四人は成長速度が違ってくる。ウィリアム王子が皇太子、国王となるにつれ、立ち位置も変わらざるをえない。それに伴い、四人の関係も変化せざるをえないであろう。ビートルズも四人それぞれの成長スピードが異なり、結局、バンドを結成していたのはほんの八年間だったことを思い出す。

しかし、二〇一八年の時点ではまさに「最良な状態での四人の団結」があり、これを本人たちも満喫していたいであろうし、英国民はじめ世界の王室ファンも楽しみながら見守っている。

ルイ王子の洗礼式の翌日おこなわれた英国空軍の式典では、王子二人が制服を着用した姿で四人並んだ。ウィリアム王子はブルーリボンまで着用した正装である。ファブ・フォーの若々しくも高貴なたたずまいは、イギリス王室の伝統と格式が、こうして新しい世代に受け継がれていくのだという視覚的なメッセージになった。王室のような古い制度がなぜ二一世紀にまで存続するのかといぶかるミレニアル世代に対して、現代感覚を共有できるファブ・フォーは、強力な広告塔として説得力をもつのである。

（注）https://abcnews.go.com/2020/video/prince-william-prince-harry-kate-meghan-royal-fab-5527640

第Ⅳ部　ロイヤルジェントルマン

1

チャールズ皇太子

――プリンス・オブ・サステナビリティ

1948-

「プリンス・オブ・ウェールズ（英国皇太子）」という存在は、男性のスーツスタイルの規範としての役割を果たしてきた。

ディナージャケット（タキシードのことを英国ではこのように呼ぶ）や、プリンス・オブ・ウェールズ・チェック(1)をメンズウエアにもたらしたばかりでなく、ウエストコートの一番下を留めない慣習を定着させた、皇太子時代のエドワード7世。

数々の大胆な「ルール破り」をおこない、リラックスした趣味をメンズウエアにもたらしたことでいまなお神格化されている皇太子時代のエドワード8世（退位してウィンザー公）。

英国皇太子は、ジェントルマンがいかに装うべきかという基準を世界に示す旗手でもあるのだ。それぞれのユニークな貢献が、各皇太子の個性や生き方を反映していることも興味深い。チャールズ皇太子（一九四八～）においても例外ではない。

環境系啓蒙活動家としての一貫性

世界が好景気に沸いた一九八〇年代、世の風潮にかなり先駆けて、チャールズ皇太子は有機農法に取り組み始めた。当時はメディアから「変人」と呼ばれたが、そこで生産された農産物を活かし、九〇年に有機食品の生産販売会社「ダッチー・オリジナル」(2)を設立し、大成功させる。

その事業で生まれた純利益は、自身の慈善団体に寄付される仕組みで、その慈善団体は、二〇〇七年、トラディショナル・アーツ社(3)を設立した。この会社は、最高品櫃の工芸製品を製作・販売する会社で、製品の製作者は、「皇太子の伝統芸術学校」で学んだ卒業生である。

現代のビジネスシーンでは、環境や伝統を守ることを善とするエコ、エシカル（倫理的）、サステナブル（持続可能）な美徳がうたわれているが、皇太子は四〇年も前からその価値に注目し、それを一貫して追求した結果、「リスポンシブル、トラディショナル、エデュケーショナル（責任、伝統、教育）」というさらに世の一歩先をいくいまどきの社会貢献までやってのけた。自らの地位を最大限に生かし、佳き循環を実現、持続させている。

羊毛王子

古いものや伝統を大切にする態度も一貫している。チャールズ皇太子の場合、それを次世代へ引き渡すべく強気に行動していることが、単なる好古家と一線を画している。

二〇一〇年から皇太子が先導している「キャンペン・フォー・ウール」をはじめ、スコットランドのエステート・ツイード（同じ地域で働き生活する人たちを特定する織柄）生産のための工場復活なども、その例である。(4)

二〇一九年一月には、サンドリンガム宮殿に飼っている三〇〇〇頭の羊を一万五〇〇〇頭に増やす計画を発表。『テレグラフ』紙はプリンス・オブ・ウェールズをもじって、プリンス・オブ・ウールズと呼んだ。(5)

支援するのはウール産業だけではない。歴史的な建築の保存に関しても、『英国の未来像　建築に関する考察』という本を著すなど、啓蒙活動は多岐におよぶ。

個人レベルでも、ダイアナ妃との結婚前からおつきあいのあったカミラ夫人と紆余曲折の末に再婚したことも、ある意味、古くからあるもの（失礼！）を大切にする生き方を貫いた証ともいえる。

プリンス・オブ・サステナビリティ

以上のような皇太子の行動や考え方を補強するのが、ほかならぬ殿下の装いである。

装いもほぼ一貫しており、グレーのダブルのスーツに小さく結んだタイ、胸元に花をあしらうのが定番。英国のブランド「ジョン・ロブ」の靴は修繕を繰り返し、長年履きこんでいる。

ダブルのコートは、テーラー「アンダーソン&シェパード」が一九八七年に納品したもの。あまりにも不変なので「止まった時計」と揶揄され、ワーストドレッサーに選ばれたこともある。

カントリーでは、ジョンストン・オブ・エルジンのツイード製上着や、ジェームズ・ロック帽子店のツイードキャップといったスタイルが定番だが、これは、自国産業を積極的に奨励し続けるチャールズ皇太子の責任感の表れとも見える。

華やかなブトニエールとポケットチーフの組み合わせや、大胆なカフリンクスはユーモアとサービス精神の表現として映る。

そんなチャールズ皇太子は、二〇一二年三月、「スタイルが変わらないこと」が高く評価され、男性ライフスタイル誌『GQ』英国版のベストドレスト・マンに選ばれ、以後、常連となっている。古いものを使い続ける装いは「ワースト」に選ばれたころと同じだが、チャールズ皇太子を見る世間の目、いわば時代のほうが変わり、サステナビリティ（持ちの良さ）の価値を体現する皇太子に追いついたという感がある。

二〇一〇年代はファストファッション大量消費時代だった。そんな消費に倦《う》む人々にとって、皇太子の筋金入りのサステナブルな姿が輝いて見えるのだろう。

不動のロイヤルスタンダードが照らし出すのは、そのようなうつろいやすい人の心なのである。

（1）グレンチェックの一種。皇太子時代のエドワード7世にちなん

チャールズ皇太子（2017年）

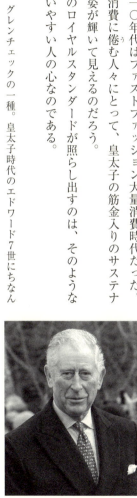

で名づけられた。後、皇太子時代のエドワード8世によって有名になった。

（2）https://www.waitrose.com/home/inspiration/about_waitrose/about_our_food/our_brands/duchy_originals.html

（3）The Prince's Foundation / School of Traditional Arts. https://www.psta.org.uk/

（4）プリンス・オブ・ウェールズに関しては、以下を参照。チャールズ皇太子特別寄稿、中野香織翻訳「私はわが道を行き、ふさわしいスタイルを貫く」『GQジャパン』一一月号、二〇一二年。ビル・プリンス著、中野香織翻訳「プリンスにふさわしい風格」『GQジャパン』一一月号、二〇一二年。中野香織「時代がようやく追いついた」『GQジャパン』一一月号、二〇一二年。

（5）Camilla Tominey, "Prince of Wools: Charles' plan to turn Sandringham into country's leading organic sheep farm", Telegraph.co.uk, 11 Jan 2019.

2 プリンス・マイケル・オブ・ケント

1942–

織物王子

たっぷりたくわられたグレーのひげ、そのボリュームに負けない大きなノットの華やかなタイ、それを引き立てる襟腰の高いシャツ、全体を包み込む仕立てのいいダブルのスーツ。手元には見るからに高価そうで重厚な時計[1]を合わせる。こんな時代錯誤すれすれの装いで、皇帝のような貫禄を漂わせ、メンズファッション誌のグラビアの常連となっているのは、プリンス・マイケル・オブ・ケント（一九四二〜）。エリザベス女王とは従弟にあたる[2]。

元ボブスレーの選手でもあり軽騎兵でもあり、ロシア語も流暢に話すのでロシアとの友好にも貢献したという華やかな経歴の持ち主で、一〇〇を超える慈善団体の後援者もつとめている。なによりも、サヴィル・ロウ・ビ

プリンス・マイケル・オブ・ケント（2014年）

スポーク協会の「顔」である。

メンズファッション業界に多大な貢献を果たし、プリンス・オブ・ウィーヴス（織物王子）と異名をとるプリンス・マイケルとは、どのような人なのか。

プリンス・マイケルの生まれと教育、キャリア

プリンス・マイケルと以下、呼ばせていただくが、フルネームはマイケル・ジョージ・チャールズ・フランクリン・オブ・ケント、ロイヤル・ヴィクトリア勲章ナイト・グランド・クロスである。名前にフランクリンが入っているのは、誕生日が七月四日（アメリカ独立記念日）で、当時のアメリカ大統領フランクリン・ルーズベルトが名付け親のひとりだったからである。

父はジョージ5世とメアリー妃の四男、ケント公爵ジョージである。母はギリシアとデンマークの王子ニコラオスとロシア大公女エレナ・ウラジーミロヴナの娘。ロシア皇帝ニコライ2世とも遠い親戚にあたる。生まれてから六週間後に父ジョージは飛行機事故で亡くなり、王位継承順位七位となった。現在の王位継承順位は第四七位である。

常に王族にふさわしい装いの場を与えられ、学んできた。五歳ですでに、エリザベス女王とフィリップ殿下のページボーイ(3)を務めている。

一一歳のとき、パブリックスクールのイートン校に入学。エリート紳士養成校ではあるが、ファッションセンス養成には向かない学校だったようで、二〇〇七年の『テレグラフ』紙のインタビューに

はこのように表現している。

「ファッションセンスをだめにしたいのであれば、イートン校は最高だ。数年たてば、テイルコートしか着られない最悪の男になる」(4)

ちなみに、はじめてスーツを仕立てたのは、サヴィル・ロウのデーヴィス&サンという一流のテイラーで、一五歳のときだった。

一九歳でサンドハースト王立陸軍士官学校に入学、第一一軽騎兵師団に入隊。軍務に二〇年間従事し、少佐として除隊している。

自分の血筋にロシアのロマノフ家の血が流れていることを強く意識しているためか、ロシア語を習得し、通訳の資格をとるほどに熟達している。五〇回以上もロシアを訪れ、ロシアとイギリスとの関係を友好的なものにするための取り組みに貢献してきた。そんな努力が評価され、二〇〇九年にはロシアのメドベージェフ大統領から、友好勲章が贈られている(5)。

００７ばりの血気を示すエピソードにも事欠かない。ボブスレーのみならず飛行機、ヘリコプター、ボート、カーレース、と次々にスリルのあるスポーツに挑戦している。一九七一年のボブスレー世界大会（ＦＩＢＴ世界選手権）では、グレート・ブリテンチームとして参加しているが、衝突事故を起こして棄権。無鉄砲なところもあるようだ。

マリー＝クリスティーヌとの無鉄砲な結婚

数々の無鉄砲ぶりをほのめかすエピソードのなかでも、もっともロマンティックなものが、現在の妻マリー＝クリスティーヌとの物語である。

マリー＝クリスティーヌは長身のオーストリア女性で、出会った当時は、銀行家のトマス・トルーブリッジと結婚していた。一目ぼれした相手が既婚女性だからといってあきらめるようなプリンスではない。プリンス・マイケルも別の女性と交際していたが、どうしてもマリー＝クリスティーヌのことが忘れられず、国防省に出勤する前に、リッチモンド公園で、早朝の乗馬をするときに、偶然、出くわすように仕組んだりした(6)。

そんなこんなの努力が実り、マリー＝クリスティーヌの離婚も成立して、その二か月後、一九七八年の六月に、二人はウィーンで結婚式を挙げた。マリー＝クリスティーヌはカトリックであったので、カトリック教徒との結婚を禁じる王位継承法により、プリンス・マイケルは王位継承権を失った。

王位継承権と引き換えに手に入れた幸福は続き、二人の子供にも恵まれた。息子のフレデリック卿はロサンゼルスのＪＰモルガンに勤務、娘のレディ・ガブリエラはオクスフォード大学で社会人類学の修士号を取得している。

プリンセス・マイケル・オブ・ケント（2008年）

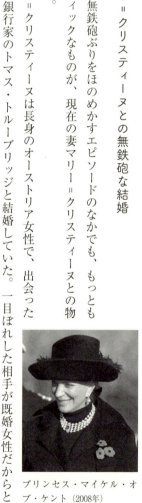

世間の風当たり

プリンス・マイケルは、公務に携わっていないため、王室費から手当てをうけとっていない。そのため、王室のメンバーであるという立場を利用しつつ、自身のコンサルタント会社「カンティウム」を立ち上げて事業に関するアドバイスをおこなっている。さらに、さまざまな慈善活動・協会・クラブの総裁を務めているが、これにより利益を得ているというデマや、新興財閥から資金援助を受けているなど、中傷を浴びたこともある。

このような世間からの冷たい風当りに対しては、楽天的に受け流し、務めを真摯に成し遂げることで一つ一つの逆風に対応してきた。

「ノックされたら、受け入れがたく不愉快な相手であろうと、うまくやっていく。しかし、その影響は受けないようにしながら」(7)。

誰にも有無を言わせない、独創的で堂々たるコーディネイトから醸し出される自信と、若干の威圧感は、そうした、ささいかもしれないけれど人の心を鋭く傷つける逆風から身を守り、悪影響を受けないための、最強の武装でもあるのかもしれない。

「サヴィル・ロウの顔」としてピッティ登場

ピッティ・イマジネ・ウオモとは、世界最大の紳士服の見本市で、年二回、イタリア・フィレンツエでおこなわれる。

世界中のメンズファッション関係者が集まるこの大きな見本市で、二〇〇七年、プリンス・マイケルは「ロンドン・カット」のオープニングで、グレーのスーツを大胆に着こなし、他の出展者を圧倒した。伝統的なイギリス紳士スタイルに加え、大胆で新しい要素を無鉄砲すれすれに取り入れ、挑み、かつ、自分を守るかのように、雄々しく着こなすのが彼のスタイルである。

強い意志と、逆風と闘いながらも思い通りに生きた人生の軌跡が感じられるマイケル・スタイルは、だからこそ別格で、誰も足元にも及ばない「皇帝」の風格を漂わせるのである。

（1）オーデマ・ピゲのロイヤルオークが目撃されることが多い。

（2）家系図に関しては、次の「タウン&カントリー」の系図がわかりやすい。https://www.townandcountrymag.com/society/a20736482/british-royal-family-tree/

（3）結婚式で従者をつとめる五歳くらいまでの親戚の男の子。

（4）Allegra Donn, "Prince of Weaves", Telegraph.co.uk, 17 Mar 2007.

（5）プリンス&プリンセス・マイケルに関するデータは、主に以下の王室公式ＨＰを参照。https://www.royal.uk/princeandprincessmichaelofkent

（6）ピーター・バンプトン「英王族一の伊達者—マイケル・オブ・ケント王子—」『ザ・レイク・ジャパン』三月号、二〇一五年。

（7）右に同じ。

3 チャールズ2世

——イギリスをメンズウエア界の宗主国にした王

1630–85

政治・経済という視点から見れば、イギリスの世界に対する影響力は、むしろ衰えが目につくかもしれない。しかし、ことメンズウエアにおいては、世界の宗主国としてほぼ不動の地位を保っている。その権威を支える最大の根拠の一つは、メンズスーツのシステムを生んだ国であるという点にある。

メンズスーツのシステム、それは一六六六年一〇月七日、当時のイギリス国王チャールズ2世の衣服改革宣言によって誕生した。[1] この日は、スーツの誕生日と位置づけられている。当時のイギリス国王チャールズ2世（一六三〇～八五、英国王一六六〇～八五）が、このような服装改革宣言をおこなったのである。

「余は新しい衣装一式を採用することにした。この衣装は、もう変えることはない」

改革前のチャールズ２世の肖像（ジョン・マイケル・ライト画）

日付が特定できるのは、当時の平凡な若手官僚にして希代の筆まめ男、サミュエル・ピープスが日記をこまごまと記し続けてくれたためである[2]。

彼の残した膨大な量の日記は、中流市民の日常的かつ形而《けいじ》下《か》的な事柄に関する赤裸々な記録であり、妻に見られると困る部分は暗号で書かれていたりする。であるからこそ、歴史家にとっては貴重な一次資料となる。

まずは、彼の記録を頼りに、チャールズ2世による服装改革がどのようなものであったか、それが現在にどのような影響を及ぼしたのかを考えてみたい。

サミュエル・ピープス（ジョン・ヘイルズ画）

陽気な王様

ピューリタン革命によって、まじめで善良なクリスチャンだったチャールズ1世は、一六四九年、断頭台で処刑される。

その革命後、イギリス史において唯一の国王不在の時代、クロムウェル父子による共和制の時代が訪れるが、これが続いたのはわずか一一年間だった。

一六六〇年には、チャールズ1世の息子であるチャールズ2世が迎えられて、王政が復活する。ほかならぬこのチャールズ2世が、男性服の歴史に今日まで続く画期的なシステムをもたらすのである。

「陽気な王様」とあだ名された2世のほうは、父とは似ても似つかぬ性格で、好色でもあった。公認された愛人が一三人、認知した庶子が一四人。ちなみにダイアナ妃には、チャールズ2世と三人の愛妾の間に生まれた子女の血が四家系から流れている。

衣服改革宣言前夜

チャールズ2世の即位からしばらく、メンズファッションの下衣として、ペチコート・ブリーチズと呼ばれるものが登場する。ピープスの日記には、「片方の脚に両方の脚を入れてはいてしまい、しかも夜脱ぐときまでその誤りにまったく気づかなかった」男の話が出てくる。たっぷりと分量がとられた、ペチコートスカートのような半ズボンなのである。

このころから、フルレングスのかつらも流行する。宮廷周辺の男たちの肖像画を見ると、短くなったダブレット（上着）の身頃や裾から、さらには袖口から、シャツがあふれでており、そのうえリボンずくめなので、しまりのない印象を受けてしまう。衣服のやりたい放題な印象は、宮廷の放縦《ほうじゅう》さを反映しているようにも見えてくる。

天災もふりかかる。一六六五年にはペストが猛威をふるい、一六六六年にはロンドン大火、と災いが続く。

フラストレーションを抱える大衆は常に「犯人」を捜し、罪をだれかになすりつけたくなるものである。かくも災厄が続くのは、女道楽に耽溺《たんでき》する国王とその宮廷への天罰だという説まで飛び出してくる。危機を感じた側近が、今こそ心機一転、メンズウエア改革の好機であるとチャールズ2世に進言する。態度を改めた宮廷のイメージを、まずはわかりやすく服装で国民に示そうとしたのである。

そこで、前述したような「衣服改革宣言」が発布される。

ベストの導入

その宣言によって採用された革命的な服とはどのようなものなのか。

宣言の翌日、一〇月八日のピープスの日記には、このように書いてある。「それはベストというものらしい。どういうものかはわからないが、貴族に倹約を教える服になる」と。

続いて一〇月一五日、チャールズ2世と側近は、実際に「新しい服」を着て登場するのだが、それはピープスの表現によれば次のようなものだった。

「身体の線に沿った、黒い司祭服のような丈の長いコートである。この黒地にピンキング（穴あけ）

改革後のチャールズ2世（ヘンドリック・ダンカート画，1675年）

が施されて、下の白いシルクがのぞいている。この服の上にコートをまとっている。ブリーチズの脚には、鳩の脚のような黒いリボン飾りがたっぷりと施されている」

コートの下の「黒い司祭服のような丈の長いコート」、それがベストなのである。ピープスはこれを「ペルシア風のゆったりした服」とも表現しているが、今日的なベスト[3]とは似ても似つかない。

現代のベスト（イギリスではwestcoat, テイラーの発音はウェスカと聞こえる）のルーツを感じさせるのは、その背中である。前面にはシルクブロケードの重厚な生地に豪華な刺繍が施してあるのだが、外からは見えない袖と背中には、薄くて安価な生地が用いられている。つまり、「貴族に倹約を教える服云々」というのは、見せるべき前面は豪華にして、背中や袖には安価な生地を使用せよ、そうすることで浮いたお金を倹約せよ、ということだったわけである。

薄い生地にはメリットもあって、それは、上に羽織るコートとの摩擦《まさつ》を少なくして、重ね着によるもたつきを防いでくれるということ。

倹約できる、すっきりと着こなせることができて見た目もよい、というこのベストはヨーロッパに大流行する。イギリスに対抗意識をもやすフランスのルイ14世は、ベストを召使のお仕着せにするなどの抵抗を試みるが、結局、流行に屈することになった。見える前面に、およそ八〇〇個の宝石を縫いつけたベストを着用することで、ルイ王流の抵抗を試みたようである。

スーツのシステム誕生

ほかならぬこのベストの導入とともに、スーツのシステムが完成する。そのシステムとは、長袖上着＋ベスト＋下衣＋シャツ＋タイからなる組み合わせのことである。スーツのシステムが生まれたとはいえ、上着の丈は膝まであるし、下衣はハーフパンツ（当時はブリーチズと呼んでいた）だし、ヒール靴を履きロングヘアのかつらをつけているので、今のスーツとはまったく印象が異なる。しかし、以後三五〇年間、各構成要素の形を刻々と変えながら、このシステムは連綿と守られ続けて今にいたる。

ベストが一時的に姿を消し、スーツがツーピースになったことはある。第二次世界大戦中とそれに続く物資欠乏の時代である。布地節約のため、ポケットのフラップまでが省略された。ベストも省略可能とみなされ、作られなくなったのである。

しかし、一九六〇年代に再びベストは復活し、ツーピーススーツが主流となった現代においても一定の需要を保ち続け、ここ数年はドレスアップブームに乗って、二〇代、三〇代の若い男性の間でも人気を高めている。彼らにとっては新鮮なスリーピースかもしれないが、本来、スーツとはスリーピースで構成される服なのである。

スーツが英国紳士の象徴である理由

さて、チャールズ2世の衣服改革宣言を、「英国紳士を象徴する服」の起源となったという視点であらためて見直してみると、重要なポイントが三つ見つかる。

まずは、ベストという新アイテムを導入したことで、男性の美意識を変える転機を作ったこと。レースやリボンや羽根で飾り立てるほうが「男らしい」とされていた騎士道華やかなりし一七世紀において、チャールズ2世は、「貴族に倹約を教える服」としてベストを導入した。(4) 袖や背中など、見えない部分は安価な生地で代用すべしという堅実な服、それがベストというペルシア由来の新アイテムだった。以後、高位の男性が着る服は、あくまで前時代比ではあるものの、「簡素化」していく。紳士の服が、堅実・抑制・反装飾という方向へ向かう契機を作ったともいえる。英国紳士のスーツが湛《たた》える特権的な贅沢感が、富の誇示とはむしろ逆の、控えめで質実剛健な気配に潜《ひそ》むのは、こんな起源と無縁ではない。

ポイントその二は、この衣服改革宣言が、反・流行宣言であったこと。「余は新しい衣服を採用することにした。以後、これを変えることはない」と国王は宣言した。トレンドがどう変わろうと、このシステムは変えない。未来永劫にわたり流行無視のスリーピーススーツを貫く。これを国王が表明したという史実の重みは大きい。イギリスのジェントルメンズ・ウエアの魅力の源泉が、多少の流行からは超然としていられるという点にあることは、言うまでもない。

ポイントその三は、堅実さの表明として採用されたはずのベストが、実はもっとも装飾的なパーツとなる可能性を秘めていた、裏の顔をもつ服であること。見えない背中は安価な薄地で作ったとしても、正面はボタンと刺繡で飾り立てるというつわものが出てきたし、その名残りとして、現代の結婚式では刺繡入りの派手なオッドベスト[5]を見かける。紳士養成校パブリックスクールの一部の上級生が特権の証として目立つ柄ベストを着用したりもする。この場合のベストはむしろ、贅沢な装飾品に近い。ともすれば退屈になりがちなメンズスーツを長く着続けるために、時にエキセントリックな楽しみ方を自らに許すパーツとしてベスト[6]を位置づけてしまった、と見ることもできる。知恵なのか皮肉なのか遊びなのかよくわからない、重い歴史をもつ服との軽やかなつきあい方もまた、したたかなイギリス紳士らしさの象徴といえる。

そのような、反・流行を貫くしたたかな裏の顔をもつ、まさしく英国紳士そのもののような服のシステムを導入したことで、メンズファッション史におけるチャールズ2世は、つねに別格の国王として、燦然《さんぜん》と輝いているのである。

（1）　スーツ誕生の経緯に関する詳細は、中野香織『スーツの神話』（文春新書、二〇〇〇年）。

（2）　ピープスの日記そのものに関しては、入門書として臼田昭著『ピープス氏の秘められた日記』（岩波書店、一九八二年）がある。

（3）　Vest には、「衣服一般」の意味もある。

（4）雄の孔雀の発想に近い。
（5）Odd vest. スーツとは異なる生地・柄で作られている替えベストのこと。
（6）ベストは、実際、実用的でありながら装飾を楽しめるパーツとして貴重である。実用という観点から見れば、下着であるシャツや留め具であるベルトやブレイシーズを隠す役割を果たし、ウォームビズに貢献し、体型キープにも役立つという、マルチな機能を果たす。装飾という観点から見れば、ネクタイを立体的に保つことができるし、好みで懐中時計用のアルバート・チェーンを飾ることができるうえ、ジャケットとの重ね方次第で奥行きを演出することもできる。

4

ジェントルマン制度と王室
――資産・伝統を温存する究極のシステム

ジェントルマンとイギリス王室

イギリス文化を語るときに避けて通ることができないのが、ジェントルマンという概念である。イギリス独特の階級制度にも関わり、政治・経済にも文化にも食い込み、教育にも影響を及ぼし、メンズスタイルを語るときには避けて通れない理念である。ジェントルマンとはいったい何ものなのか？ジェントルマンの歴史を学べば学ぶほど、その永続的なシステムが、イギリス王室の存続のしかたと似通っていることがわかる。ジェントルマン世界のルールや価値観が、イギリス王室の価値基準と通底していることがわかる。

ジェントルマンの制度がなぜかくも長く続いているのかを知ることで、イギリス王室がなぜ根強く存続し続けられるのか、そのヒントを得ることができる。

国王や皇太子に見られる王道ロイヤルスタイルの基本にある「ジェントルマンらしさ」を知ること

で、王室には珍しい「ダンディ」だったエドワード8世＝ウィンザー公の立ち位置を理解することができる。

イギリスの階級制度の頂点にあるイギリス王室のスタイルは、それを支えるジェントルマンの制度や理念の延長上にあるのだ。

そこでここでは、ジェントルマンの概念を、その起源から現在にいたる道程をたどりつつ、考えてみたい。

ジェントルマン＝土地・階級＋教養・人品

そもそも、歴史学の分野でジェントルマンというとき、不労所得のある大土地所有者ジェントリーを母体とする社会集団をさした。

一四世紀から一九世紀くらいまでの、王室を頂点とするイギリスの階級制度は、次のような形であった。

最上層の「貴族」（公爵・侯爵・伯爵・子爵・男爵）、「準貴族ないしジェントリー[1]」その下に「中間層」（ヨーマン＝独立自営農）がくる。

このジェントリー層が、貴族とともに、地主階級を形成していくことになる。本書でジェントルマン階級というとき、この地主階級をさしている。イギリス社会は長らく、ジェントルマン階級と非ジェントルマン階級にほぼ大きく分断されてきた。

一九世紀初頭には、貴族であれば最低でも一人一二〇〇万坪、ジェントリーであれば一人一二〇〇万坪という土地を所有していたのだが、その広大な土地を彼らはどのように手に入れたかというと、中世の騎士道時代に、王または女王に所轄を与えられたことに由来する場合が多い。土地を与えられる代わりに、騎士は、領地と領民に対する責任を負った。

ノーブレス・オブリージュ（高貴なる地位に伴う義務）という考え方もここから生まれている。領主として爵位と資産を与えられた者は、いざというとき、領民そして王または女王を守るため、真っ先に戦いの最前線に臨む義務があるというわけである。騎士と王家の間で結ばれたこの暗黙の契約が生き続けてきたことは、第一次世界大戦時に哀しい形で明らかになった。女王陛下の海軍・空軍・陸軍の紳士将校となった貴族の子弟が真っ先に戦地に赴き、多くが帰らぬ人となったのだ。

ジェントルマン社会の基底には、こうした土地を仲立ちとする英国君主との暗黙の契約が脈々と流れているのである。資産と制度を温存するための智恵という点において、英王室はジェントルマン文化とともにあるといっていい。

この制度は長子相続制なので、貴族やジェントリーの次男・三男以下は、ある程度の分与金を受け取ったうえで、法界や官界、実業界に入ったり、陸海軍の将校になったりした。あるいは植民地でビジネスを始めたりした。

その結果、大土地所有者たちに、（次男以下が就いた職業である）聖職者や法律家、高級官僚など高度な専門職従事者が加わり、イギリスの支配層を形成し、保守主義の文化であるジェントルマン文化を担ってきたのである。

地主であるだけで、あるいは高度な専門職に就いているだけでジェントルマンとして扱われたかといえばそうでもなくて、富と権力をもつ彼らが野蛮だったら困るので、支配階級にふさわしい教養・人品といったソフト面も重視された。

あるいは、富と権力を温存するためにもっとも確実な手段が「慈愛にあふれて品格のある教養人であること」（そのようにふるまえば内外に敵を作らず、生き残れる確率が高いこと）を、彼らは知り抜いていたのかもしれない。

いずれにせよ教養と人品を養うための教育機関、すなわちイートン校を筆頭とするパブリックスクール、オクスブリッジ（オクスフォード大学とケンブリッジ大学）は、ジェントルマン養成機関として今なおその権威を香らせる。この教育過程で築かれたネットワークは生涯にわたってジェントルマン・ソサエティの礎となり、政財界にも大きな影響力を及ぼす「ジェントルマンズ・クラブ」文化の基盤を形成していくのである。

境界をあいまいにするメリット

このジェントルマンの支配体制は、ジェントルマンと非ジェントルマンの境界がどこか曖昧であるという特徴をもつ。曖昧であるからこそ、時代に応じて「ジェントルマンにふさわしい」条件を変えることで、支配体制を温存することができた。一八世紀末の激動期、フランスでは階級の上昇可能性などなかったために流血革命が起きてしまったが、環境適応力にすぐれたジェントルマン制度という伸縮自在な階級制をもつイギリスでは、多くの男たちをジェントルマン層にとりこむことによって、流血革命を避けることができたのである。

一九世紀中ごろには、産業革命によって資本を蓄えた金融業などの中産階級が支配層に入り込み、ジェントルマンらしさも大きく変容する。かつてのジェントルマンには、有閑階級ならではの退廃的でスノッブな部分もあったのだが、このころになると中産階級の謹厳さや誠実さがジェントルマンらしさに加わっていく。それがイギリス帝国の植民地の拡大と共に世界に広まり、「スーツを着て指図する」ジェントルマン像が英語とともに普及していくことになる。

二〇世紀にはチャンスさえつかめば、誰でもジェントルマンになれるようになった。

ドラマ『ダウントン・アビー』（イギリス、ＩＴＶ放送）では、お屋敷の運転手だったアイルランド出身のトム・ブランソンがお屋敷のお嬢様シビルと階級越えの結婚をし、シビル亡きあとはお屋敷の土地の管理者になってちゃっかりとジェントルマンの仲間入りを果たしてしまったのだが、(2)原理原則主義ではなく、あのような階級越えを認める諦念というか、よくいえば愛と寛容に基づく現実適応主義が、ジェントルマンの支配制度をかくも長く続かせてきた鍵である。

それにしても、トムの劇的な変貌を見てしみじみ思ったのは、男は、ジェントルマンとして扱われると、ジェントルマンらしくなっていくものだということである。

民間出身のキャサリン妃や、アメリカ人女優だったメーガン妃が、プリンセスと扱われるうちにみるみるプリンセスの貫禄をつけていく姿を見ていると、人は環境によって変わる生き物なのだという感慨を深くする。

ダンディを撲滅しようとした

さて、英王室の異端児だったエドワード8世の問題を「ジェントルマン」の視点から考えるためにも、確認しておきたいことがある。ジェントルマンとダンディは違うということである。どちらもスーツを美しく着こなす男であり、イギリス文化に発する男性理念なので、同じように見えて紛《まぎ》らわしいし、メンズファッションという面だけから見れば、ことさら両者を明確に区別する必要はないのかもしれない。

しかし、本来、両者は別々のカテゴリーに属する種族であり、歴史のある過程においては、ジェントルマンによるダンディ撲滅キャンペーンまでおこなわれていたことは忘れないでおきたい(3)。

ダンディズムが生まれたのは一九世紀、その基本にあるのは、あくまで男の洒落者道《しゃれものどう》である。精神的態度の問題に発展するとしても、それはどこかで装いと関わる。

それに対し、ジェントルマンシップの起源は、中世あるいはそれ以前にまでさかのぼる。統治者として、文化的リーダーとして、ときにはひとりの男としての理想的なあり方に関わるのが、ジェントルマンシップである。したがって、ジェントルマン理念のほうは、装いばかりではなく、広く政治や教育、戦争やスポーツにも関わってくる。

ジェントルマンシップという大木の一つの小枝として、ダンディズムがある。

そのようにとらえていただいてもよいかもしれない。ジェントルマンシップはあくまで主流であり、その伝統のなかでダンディズムという異端の小枝が生まれた。だから、小枝のダンディズムが育ちすぎるとき、本体たるジェントルマンシップをそこねてしまうような事態が生じることもある。

この事態を思い切り平たく言ってしまうと、こういうことだ。

「お洒落にかまけすぎている男はジェントルマンではありえない」。

前述の、ジェントルマンによるダンディ撲滅キャンペーンはまさにこれが理由であった。トマス・カーライルによる『衣服哲学』（一八三三・三四）もこのキャンペーンの一環として書かれている。第三部第一〇章「ダンディという宗派」は「衣服を着るために生活する」ダンディを痛烈に攻撃した章である。(4)

ご参考までに、現代のイギリスで、褒《ほ》めたつもりで「ダンディですね」と言おうものなら、多くの場合、不快な顔をされる。ダンディ（「ィ」をやや高めに発音される）には、お洒落好きな自己愛の強い男というイメージがあり、お洒落のアピールなど恥ずかしいことだと思っている主流のジェントルマンにとって、そのように見られることは好ましくないのである。

話を元に戻すと、ジェントルマンにとっての装いというのは、同じ支配階級同士の相互承認のような意味合いがある。支配階級として振る舞う必要があって、いわば仕方なく最低限のルールを守りあって着ている、という風情がむしろ理想である。ギリシア人フィリップと揶揄されながら、苦労してジェントルマン社会に溶け込むことに成功したフィリップ殿下は、絵にかいたような模範的なジェントルマンの装いである。

一方、ダンディは「服を着るために服を着る」。仲間同士の承認よりもむしろ、自分の美的感覚や女性受けのいい華やかさを優先する。ソサエティの横並びよりもむしろこうした「自己主張」が行き過ぎた時、ジェントルマン社会では静かな警報が鳴るのだ。エドワードがイギリス社会から事実上追放されたのは、国王の職務放棄に加えて、イギリス王室を裏切るに等しいナチス寄りの言動があったことが最大の理由であったが、彼の「ダンディな」装いも、無意識のうちに彼に対する不信感を強める働きをしたのではないかと拝察する。

開かれた、でもやはり排他的なモダン・ジェントルマン

二一世紀にはＩＴを筆頭に新しい職種の人たち、いわゆるニューリッチがジェントルマン層に加わる。海外の資本家も食い込んでくる。人種においても宗教においても多様性が広がり、二〇一六年にロンドン市長になったサディック・カーンはパキスタン系イギリス人でイスラム教徒である。彼らは旧来のジェントルマ

ロンドン市長サディック・カーン（2016年）

ン像を大きく変えているため、モダン・ジェントルマンとも呼ばれている。昔からのジェントルマン、いわゆるオールド・エスタブリッシュメントが表面上はオープンに、内心では半分軽蔑しながら、諦念や寛容でもって受け入れている構図は、一九世紀とあまり変わらない。なんといっても線引きを曖昧にするこの環境適応力こそジェントルマンのサステナビリティの礎なのだ。

二〇世紀には、スーツを着たジェントルマンは、労働者階級と異なることばを話し、一目でジェントルマンとわかる服装をしていたが、二一世紀のモダン・ジェントルマンはそうではない。労働者階級の英語を話したり、あえてよれよれのスーツを着たりする。チャールズ皇太子はずっとビスポーク（注文服）を着てきたが、ウィリアム王子の結婚式には既製のスーツを着用した。しかもターンブル&アッサーというシャツメーカーの既製服を。ビスポークは飽きた、というのが理由らしい。ヘンリー王子も労働者階級のアクセントで話し、自分の結婚披露宴のタキシードの着方すらいい加減だったりする。金融街シティでもビジネスのシーンなのにネクタイをつけない男性が増えている。装いや話し方に「ジェントルマンらしさ」を求めることは困難になりつつあるのだ。

だいたい、「あなたはジェントルマンですか？」と聞いても、モダン・ジェントルマンは「ノー」と答えることが多い。「僕はジェントルマンじゃない」と言うほうがかっこいいと思っている節がある。ジェントルマン文化は観光資源として残るとしても、ジェントルマン制度が開かれすぎて意味をなさなくなっているのではと感じることがある。

ところが、時折、この制度の隠れた特徴でもある排他主義が顔を出すのだ。

シティでネクタイをつけないビジネスマンが増えているのは事実なのだが、二〇一六年九月一日、BBCニュースは、シティに就職しようとする労働者階級出身の若者が、面接に茶色の靴を履いていけば不採用になる可能性があるという報告書の内容を報道した。「ノー・ブラウン・イン・タウン（シティではスーツに茶色い靴を合わせない）」という伝統的なジェントルマンの掟を知らないものは排除されるという文化がいまだ健在であることを世に知らしめた(5)。

随所で現れる、見えない「ジェントルマンの壁」を崩すべく、ジェントルマンになるためのガイドブックの類が出回っているが、これらはむしろ強烈な皮肉がこめられた本として扱ったほうがよく、内容をそのままうのみにすれば、彼らにぐさりとやられる。それも、知性と教養でオブラートにくるみ、一見傷つけている感じはしないけど痛烈な皮肉で。オスカー・ワイルドは、「ジェントルマンは、無意識に人を傷つけることはない」という名言を残しているが、つまり、気に入らない輩は意識的には傷つけるということだ。

ジェントルマンの世界は、オープンになったように見えて、実は閉じた世界であることに変わりない。

本物には本物どうししかわかりあえない秘儀的な約束事がある。核心は常に見せない――時折、ちらと誇示されるそうした排他主義は、実はジェントルマン文化の抗いがたい魅力でもあるのだ。

モダン・ジェントルマン、変わらぬ「らしさ」

モダン・ジェントルマン像は多種多様に幅が広がったが、そんな時代にあっても、変わらないジェントルマンらしさがあるとすれば、いったい何だろうか。

まずは、何があってもあまり感情ないし本心を見せず、静かに受け流す態度である。

戦時中に「落ち着いて、そのまま毎日を続けよう（Keep Calm and Carry On）」という標語が考案された。二一世紀に復活しておみやげ品などにも使われている標語だが、まさにその態度に普遍的なジェントルマンらしさがある。実は、この精神は一七世紀から変わらず、清教徒革命の動乱のさなかに、アイザック・ウォルトンが釣りの本『釣魚大全』を書いている。動乱の時代だからこそ心穏やかに釣りのことでも考えようじゃないかという、見方によってはかなりアナーキーな姿勢の表れがこの名著である。

エリザベス女王に対する人々の絶対の信頼感も、何が起ころうと動揺を外に見せることがない、この強靭な感情コントロールに依拠するところが大きい。

次に、アンダーステイトメント、それとセットになったユーモアである。

アンダーステイトメントとは、ドラマティックなことを極めて控えめにさりげなく表現してみせること。そのさりげない表現自体が強烈なアイロニーとなって、えもいわれぬおかしさがたちのぼる。

このアンダーステイトメントは、イギリスが誇る巨匠ヒッチコックが映画の技法として駆使したことでも知られる。大事件が起ころうと激情にかられようと死体が転がっていようと、あたかも日常であるかの調子で、騒ぎ立てることなく、さりげなく。制御を効かせれば効かせるほど、じわじわくる。アンダーステイトメントは、装いにおいても表現される。ひねりのあるジェントルマンスタイルで人気を誇るジェレミー・ハケットは、二〇一五年におこなったトークショー[6]のなかで、ジェントルマンの装いに必要なことは何かという質問に、「気付かれないこと（Unnoticed）」と答えてくれた。

さりげないユーモアを常に表現し続けて信頼を得ているのが、ウィリアム王子である。床屋さんから出てきた理髪師と握手しながら「私は髪が少ないので、あなたにお仕事をあげられないのです[7]」というヘア・ロス系の自虐ユーモアはもはやウィリアム王子の定番になっている。

そして最後に、「わかりにくさ」、これに尽きる。

どこまでが本心がわからない。どこで排他の線引きをしているのかわからない。さりげなさすぎて皮肉なのかユーモアなのか明瞭にはわからない。おそらくすべてに意図があるのだろうが、それはついぞ明かされない。五〇のシェイドどころか一〇〇のシェイドもありそうな、明から暗までの、コントロールされたグレーの魅力。それがあるからこそ、ジェントルマンは昔も今も、ブランド力を失わないのである。

エリザベス女王も本心を明かさない。バッグの位置、ブローチの形、かすかな表情の変化の意図するところを周囲は読みとろうと観察し、あれこれ議論しあうものの、核心は常に明かされることがない。そのミステリアスな態度ゆえに、女王はいっそう世界中の人々の関心をひきつけてやまない。

定義があいまいなゆえに、時代に合わせて変容し、ブランド力を失わないジェントルマン制度はそのまま、外国から「英語を話せない」王を迎えたりしながらも、イギリスにとって不可欠なものとしてブランド力をいや増し、クリスマスツリーのトップの飾りとして輝き続けるイギリス王室の存在の魅力につながってくる。

原理原則主義ではなく、愛と寛容による現実適応主義。

何があっても落ち着いて日々を過ごし、感情をコントロールしてさりげなくユーモアでくるみ、核心だけは決して明かすことはない。

資産や伝統の価値を目減りさせることなく、むしろその価値を高めながら次世代へとバトンを渡していく持続性の鍵は、私たちの人生にも応用可能であると教えられる。これこそロイヤルスタイルを学ぶことの醍醐味でもある。

(1)　バロネット、ナイト、エスクワイア、単なるジェントルマン。バロネットとナイトは「サー」の称号がつき、エスクワイアとジェントルマンには「ミスター」がつく。

(2)　ジェントルマンの仲間入りをしたあとは、服装だけではなく、ことば、振る舞いすべてが変わる。その変貌ぶりも見もの。ジェントルマン社会（階段の上）と非ジェントルマン社会（階段の下）の区別がはっきりと引かれていたベルエポックから物語が始まる『ダウントン・アビー』は、その境界がどのような要素で引かれるのか、また時代の推移とともにどのように境界が変化していくのかも丁寧に描かれる。

(3)　ダンディズムの栄枯盛衰に関しては、中野香織『ダンディズムの系譜―男が憧れた男たち―』（新潮選書、二

○○九年)。

(4) トマス・カーライル。『衣服哲学』第三部第一〇章で攻撃したダンディの定義は次の通り。「ダンディとは衣服を着る男、その商売、職務、生活が衣服を着るということに存する男である。彼の霊魂、精神、財産および身体は、衣服をうまくよく着るというこの唯一の目的に英雄的に捧げられている。それで他の男は生きるために衣服を着るのに、彼は衣服を着るために生活するのである」。

(5) "Brown Shoes and loud ties 'hinder investment banking hopefuls'", BBC news, 1 Sep 2016.

(6) ジェレミー・ハケット×田窪寿保×中野香織 "Be an English Gentlemen!", 伊勢丹メンズ館チャーリー・バイスのサロン、二〇一五年一一月四日。

(7) Erica Gonzales, "Prince William Made a Hilarious Dad Joke About His Hair Loss", Harpersbazaar.com, 19 Sep 2017.

アメリカの「ロイヤルスタイル」　ファーストレディの責務とファッション

アメリカ合衆国には王室がない。

しかし、というかそれにゆえに、というか、英国の王室メンバーに暗黙の裡に期待されるような責務を担うのは、選挙で選ばれた大統領の家族である。

とりわけ、大統領の妻であるファーストレディによる装いを含む言動は、多くの場合、強いメッセージ性を帯びて世界に発信される。その影響力は、英国のキャサリン妃やメーガン妃にまさるとも劣らない。

本書のさいごに、自ら求めたわけではないポジション、「ファーストレディ」というミッションに巻き込まれた女性たちのドラマを考えてみたい(1)。

完璧なバランスが求められるヒロイン

そもそも、ファーストレディとは何なのか？

国家首脳夫人。そしてアメリカ合衆国の場合、ファーストレディとは、ホワイトハウスのホステスのことでもある。

最初にファーストレディと呼ばれたのは、ドリー・マディソン（一七六八～一八四九）だが、彼女はなんと一六年間、ホワイトハウスのホステス役を務めた。

最初の八年間は、妻を亡くした第三代大統領トーマス・ジェファーソン大統領に仕えた。当時の彼女は、国務長官ジェームズ・マディソンの妻だった。その後、自分の夫が大統領になったので、彼女は引き続きホワイトハウスのホステス役を続けたのであった。

二人の大統領に対して、それぞれ二期分、ホステス役を務めて、計一六年間、ファーストレディを務めたというわけである。もちろん、最長不倒の記録である。

ドリーは例外中の例外だが、通常は、大統領の任期である四年または二期を務めた場合の八年が限度である。

ファーストレディは、大統領と共に、または大統領に代わって、公式行事をはじめ、さまざまな行事に出席する。トルーマン大統領の妻、ベス・トルーマン（一八八五～一九八二）は、「ファーストレディは大統領についでハードな仕事」という言葉をのこしているが、実際、ファーストレディの仕事には際限がない。

仮の住まいでしかないホワイトハウスを運営しながら、場合によっては自分の仕事ももち、同時に、良き家庭人として母や妻の役割をこなさなければならない。一挙一動がメディアの視線にさらされ、その立ち居振る舞いの評価が大統領の人気に直結するので、メディアでの言動にも細心の注意を払わなくてはならない。

しかも、国民が要求する水準は矛盾に満ちながら、きわめて高い。メディアでの見栄えという点では、海外の王室メンバーと共に並んでも見劣りしない品格が求められると同時に、アメリカ国民の選挙によって選ばれたにすぎない大統領の妻という立場を自覚した謙虚さがなくてはならない。

エレガントにふるまうことが望まれるけど、目立ってしまうとたたかれる。

政治的な問題に関しては、大統領の政策を熟知しておくことが当然視されるけれど、立ち入りすぎると何様のつもりかと非難される。あらゆる階層の発言に耳を傾ける寛容さが必要だけれど、特定の団体と親しくなるような偏りを少しでも見せるとバッシングにあう。

そんなこんなのあらゆる面で完璧なバランスが求められるというプレッシャーを背負う、文字どおり、「第一級の女性」でなくてはこなせない任務である。しかも自ら望んでその地位に就いたわけではない。その意味では究極の「巻き込まれ型」ヒロインと呼べるかもしれない。だからこそ、彼女たちは常に世界中から注目され、話題にされ、品定めされ、時には批判にさらされながらも憧れられ、つまりは、愛され続けているのである。

時代を映し出す個性派

そんな「第一級の女性」たちの歴史を概観してみると、夫より三歩下がって微笑んでいるけれど何を考えているのかわからない、というタイプが一人もいないことに気づく。ステレオタイプにははまらない個性派揃いであり、それぞれが、時代を映し出すような存在感で際立っている。

例えば、ミシェル・オバマ（一九六四～）は、自身も難関エリート校を出た後に弁護士資格を得て法律家としての専門職を生かして実績を積んできたキャリアウーマンであった。

本来ならば、ヒラリー・クリントン（一九四七～）のように、大統領である夫のアドバイザーとして閣議に出席してもおかしくはない能力の持ち主である。しかし、彼女はホワイトハウスに入ってからは「私の優先順位は母、妻、仕事」ときっぱりと言い切り、仕事の能力よりもむしろ良き家庭人としてのアピールを前面に押し出し続けた。

実際、ミシェルが比べられる前任者は、ヒラリーではなく、良妻賢母の立場を守りながら毅然として夫に意見したバーバラ・ブッシュ（一九九七～二〇一八）であることが多い。

ファーストレディとしてのヒラリー・クリントンは、女性の社会進出がほぼ頂点をきわめた時代の代表格であった。そしてミシェルは、築き上げたハイレベルなキャリアを追求するというエゴをあっさりと捨て、母として妻としての仕事を最優先するという、やや選択肢にゆとりのできた二一世紀の女性の象徴でもある。

エリザベス女王とオバマ大統領夫妻（2009年）

女性問題、暗殺のリスク

とはいえ、ファーストレディが注目を浴び、愛される理由の最たるものは、国家を代表するヒロインたる彼女たちはまた、夫を愛する一人の女性でもある、ということであろう。

「英雄、色を好む」という言葉をうっすらと連想してしまうくらい、歴代大統領は女性関係のスキャンダルに事欠かず、ほとんどのファーストレディが夫の女性問題と立ち向かわされた。逆に言えば、ファーストレディの苦しみも絶えなかった。夫の女性関係とどのように向き合うのか、その態度にうかがわれる勇気や器量や弱さや悲しみに、多くの女性たちは感情移入してしまうのである。

その点においてもっとも苦しんだ一人であろうと思われるのが、ジャクリーヌ・ケネディ（一九二九〜九四）である。

ジョン・F・ケネディ大統領は、女優のジェーン・マンスフィールド、キム・ノバク、マリリン・モンローから、シカゴのマフィアの愛人だったジュディス・キャンベル、ホワイトハウス勤務の秘書たちにいたるまで、とっかえひっかえ、浮気相手をホワイトハウスに連れ込んでいた。

ファーストレディだったジャクリーヌは夫の素行にあいそをつかし、しばしばヨーロッパやアジアを旅行し、夫に復讐するかのように高価な服飾品を買いあさったという。

ホワイトハウスに美と知性と文化をもたらしたとして世界中で大人気のファーストレディだったが、一九六〇年代の最先端をいくファッショナブルな輝きが「ストレス発散買い」に支えられていたかもしれないと想像すると、やや複雑な思いがこみ上げる。

ダラスでオープンカーに乗っていたＪＦＫが二発の銃弾を受けたとき、隣にいたジャクリーヌは、危険を顧みず、すぐに車の後部に這い上がり、飛び散った夫の頭蓋骨を拾っている。今でもユーチューブで見られるこの映像を、涙なしでは見られない。度重なる裏切りの仕打ちを受けてもなお愛は深かったのだ、と思いたい。

とはいえ、この悲惨な状況にもジャクリーヌは冷静に対処した。血に染まったピンクのシャネル風スーツ（シャネル社のものではない）を着替えることなく、大統領専用機のなかでおこなわれた副大統領リンドン・ジョンソンの第三六代大統領就任宣言に臨んだ。世界にこの悲しみを知らせたかったという彼女の演出は功を奏し、その後の盛大にして涙を誘う国葬の印象もあいまって、在職期間二年一〇か月のジョン・Ｆ・ケネディは偉大なアメリカの大統領としてレジェンドになった。

また、もっとも活動的なファーストレディとして称えられているエレノア・ルーズベルト（一八八四～一九六二）にしても、夫が自分の秘書と愛人関係にあったことを知り、絶望を味わっている。涙も枯れるほど泣いた後、エレノアは夫と

副大統領の大統領宣誓式に同席するジャクリーヌ（1963年）

愛情抜きのパートナーシップを組むことを決意し、婦人運動家として、文筆家として、そして人権擁護の象徴として活躍し、ルーズベルト大統領の死後は、国際連合のアメリカ代表を務める。どん底の悲しみを昇華するかのような笑顔での活躍ぶりに、やはり胸が締めつけられる思いがする。

女性問題といえる問題は起こしていないのに、行きすぎた嫉妬深さで夫を困らせ、悪妻の烙印を押されたファーストレディもいる。メアリー・リンカーン（一八一八～八二）である。

彼女もまた、夫を目の前で暗殺されたファーストレディで、その後は精神に異常をきたしていった。夫が暗殺されるかもしれないという恐怖と闘うこと、これもまたファーストレディが背負う過酷な任務の一つなのである。

盤石な愛と信頼の模範を、全世界に示す

そんなこんなのスキャンダラスな歴史のエピソードのなかで、異色ともいえるカップルが、第四四代大統領をつとめたバラク・オバマとファーストレディのミシェル・オバマである。オバマ大統領とミシェルのように、盤石の愛で結ばれた幸福なカップルを見るのは、ホワイトハウス史上、まれなことなのである。その後に大統領に就任したドナルド・トランプとファーストレディのメラニアの間の、むしろビジネスライクにすら見える冷ややかな関係を見ると、いっそう先代の関係が貴重なものとして輝いて見える。

バラクが大統領に再選された日の勝利のスピーチには、忘れもしない美しいフレーズがある。

「ミシェル、今までで君をいちばん愛している（Michelle, I have never loved you more）[2]」公的な演説なのに、いや、そのような重要な演説だからこそ、妻に対する堂々たる愛情表現。その後にも、愛情にあふれたスピーチは続く。「アメリカ中の国民も、ファーストレディとしての君に恋をしている。それを今ほど誇りに思ったことはない」。

ほかの政治家も、妻や家族に対する愛情表現はさらりとするけれど、かくも熱く美しい愛の言葉で聴衆の心を奪ったのは、史上初めてのことではないか。

ポジティブで揺るがない愛の絆こそが、このカップルの無敵の強さであり、かつ、国家の基盤の貴重な最小単位であることを、国境を超えて多くの人々が深い感慨と共に受け止めたはずである。

バラクが大統領選に出ると決意したときのことを、ミシェルはこのように語る。「バラクは公正な魂をもった有能な人です。私が彼を大統領にしたくない理由があるとすれば、彼が私の夫だということだけです。そんな利己的なことは言えませんでした[3]」。

エゴを捨て、夫を信じ、愛し、愛される。普遍的でありながら、稀少で貴重な愛の力が、垣根を超えて多くの人に愛されるミシェルの多大な影響力の源泉にあることを、あらためて知るのである。

国力を引き上げるスタイルアイコン

ミシェル・オバマが一期目のファーストレディを務めた四年間で証明した数多くの影響力のなかでも、歴代の合衆国ファーストレディ史上最強と思われるのが、スタイルアイコンとしての力である。

アメリカのファッションデザイナーの地位を格上げしたばかりか、アメリカのファッション業界全体を活性化することに多大な貢献を果たしたのである。

二〇〇九年の年頭におこなわれた最初の大統領就任記念の祝賀舞踏会において、ミシェルが選んだドレスは、ジェイソン・ウーだった。それまで無名だったこのアジア系アメリカ人のデザイナーは、一夜明けて、スターデザイナーの地位に躍り出た。ミシェルがそのドレスを着たことで恩恵を受けたデザイナーは彼ばかりではない。キューバ系アメリカ人のナルシソ・ロドリゲス、キューバ系アメリカ人イザベル・トレド、タイ生まれのタクーン・パニクガルなど、ほぼ無名に近かったアメリカのデザイナー、しかも移民から身を立てたデザイナーが、続々と有名デザイナーの仲間入りをしてきた。

イザベル・トレドを着るミシェル（2009年）

多様性を大切にするオバマ大統領の方針と、ミシェルのドレスの選択はみごとにハーモニーを奏でていた。

そして二〇一二年、第二期目の大統領就任宣誓式においてミシェルが選んだのは、「リード・クラッコフ」のブルーのドレスとカーディガン、翌日の連邦議会議事堂前での宣誓の際には、「トム・ブラウン」のアンサンブル。

アメリカ人デザイナーのトム・ブラウンは、メンズの世界ではすでに高い知名度を誇ってはいたが、ウィメンズの領域に参入してから、まだ日が浅かった。トムが女性服を手がけていることはそれほど知られていなかったので、この選択も、意表をつきながらも時代の最先端をいくミシェルのセンスを知らしめると共に、トム・ブラウンの格をいっそう押し上げた。

大胆な選択力は、小物使いにも発揮する。ベルトはJ・クルー(4)。このアメリカの大衆ブランドは「ファーストファミリーのお気に入りブランド」として、オバマ大統領在任の最初の四年間にステータスを上げたばかりか、ウェブサイト上の注文も格段に増やした。大衆が入手しやすい価格帯のアイテムと、新進デザイナーの作品を思い切り良くミックスして着こなす独創的で現代的なミシェルの感覚は、多くの人々を魅了し、『ヴァニティ・フェア』『ピープル』はじめ多くの媒体でベスト・ドレッサーにも選ばれている。

ベスト・ドレッサーに選ばれるためには、もちろん、内実が伴っていなくてはならない。着こなしのセンスはもちろんのこと、その社会的立場にふさわしい資質や、仕事の充実ぶり、品行、存在感、人気の高さなど、あらゆる側面がバランス良く輝いてこそ、ベスト・ドレッサーとして称えられる。

ミシェルの場合、ファーストレディとしての内実が認められたからこそ、ファッションにおいてもかくも高い影響力を及ぼしたわけである。

ちなみに、ミシェルは外交の際にも、ファッションを通して相手国に敬意を伝えた。二〇一五年四月二九日、日本の安倍首相夫妻がアメリカを公式訪問した際の晩餐会において、ミシェルが着用したドレスは、タダシ・ショージのものであった。タダシは宮城県出身の日本人デザイナーでニューヨークを本拠地として活躍している。ボディラインを美しく見せながらも動きやすく、価格も比較的抑え目であることで人気を博しているデザイナーである。

また、二〇一五年三月一八日、ミシェルが単独で日本を訪問した際に、タラップから降りてきたときに着用していた鮮やかな黄色のドレスが目を引いたが、フラワーモチーフが印象的なドレスは、やはり日本のデザイナー、ケンゾーのものである。

このように日本とゆかりのあるデザイナーのドレスを着ていくことで相手国に敬意を伝える。多くの王室外交でおこなわれていることであり、おそらくスタイリストもついていることと拝察できるものの、ミシェルの場合、行動や言葉という内実を伴うので、相手にしっかりとその誠意が伝わるのである。

大統領就任記念舞踏会でのトランプ夫妻（2017年）

比較することは許されないのかもしれないが、参考までに、第四五代大統領のファーストレディ、メラニア・トランプは元モデルというプロポーションと美貌を誇り、あらゆるハイブランドの服を着

こなす。意図的かどうかは不明だが、意味ありげなメッセージつきのファストファッションのパーカーまで着て話題にしてみせる。(5) 影響力はないということはないが、そのニュアンスは若干異なり、スタイルが模倣されたとしても、そこに称賛や憧れはない。

オバマ大統領による隠されたメッセージ

さて、ファーストレディのことを論じる章のなかで、おまけのような扱いになって恐縮なのだが、「ロイヤルスタイル」を考えるためにも、オバマ大統領の「タキシードを通したメッセージ」のことに触れずに済ませるわけにはいかない。

二〇〇九年の第四四代大統領就任記念舞踏会において、ミシェル・オバマが選んだのは、白いジェイソン・ウーのドレスであった。注目を浴びたのはミシェルのほうではあったのだが、実は、バラク・オバマ大統領のタキシードも、メンズファッション評論家の注目を浴びた。

多くは批判的であった。タキシードを着用するならブラックタイにすべきなの

大統領就任記念舞踏会でのオバマ夫妻（2009年）

に、大統領はホワイトタイをつけている。

タキシードはフォーマルウエアなのでポケットにフラップがつかないのが正統なのに、フラップがついたイレギュラーな服を着用している。

フォーマルウエアではポケットチーフ着用がルールなのに、大統領はチーフをさしていない。

タキシードなのにカマーバンドもつけていない。

「まちがい」だらけである。こうした評論家による服装批判は、少なくともオバマ大統領の側近には伝わっているはずである。

しかし、四年後。

二期目、二〇一三年の大統領就任記念舞踏会において、ミシェル・オバマは再びジェイソン・ウーを着用した。今度は赤いドレスであった。

隣のオバマ大統領はと見れば、四年前とほぼ同じ「まちがい」をおかしているのである！

ポケットチーフは挿しているものの、フラップポケットのついたタキシードに白いタイをつけている。四年前の写真と並べてみると、ほとんど変化しておらず、ミシェルのドレスの色のみでいつの写真なのかわかるという程度である。

評論家のなかには、四年前と同じ批判を繰り広げていた人もいる。

しかし、私は心の中で大統領に喝采を送っていた。

おそらくオバマ大統領は、この「まちがい」をあえて断行したのではないか。側近も、そしてミシェル夫人も、助言できたはずなのだけれど、あえてタキシードでホワイトタイを着用した。この態度に、ひとつのメッセージを読み取ることは可能である。

現在の男性服の「ルール」なるものは、すべてイギリス王室を基準に定められている。しかし、バラク・オバマはアメリカ合衆国の大統領である。アメリカはイギリスの植民地ではない。ルールはアメリカで作る。イギリス王室に従う必要はない。そのような暗黙のメッセージを世界に発していたのではないか。

もちろん、明言されたわけではない。本意はわからない。おそらく永久に明らかにされない。言葉にできない心の内やメッセージを、人は、服装を通して伝える力をもつ。リーダーと、人々との間に愛と信頼がたしかに共有されていれば、国民は、リーダーが発したメッセージを正しくキャッチすることができるのだ。

エリザベス女王とイギリス国民、いや世界の人々がそのようなコミュニケーションによって繋がっていることと同様に。

ことばを操るリーダーであればこそ、ことばを超えるコミュニケーションを感じられる瞬間に、心の距離がひそかに近くなるような喜びがある。こうした有言無言のコミュニケーションの積み重ねにより、バラク・オバマは引退後もなお多くの米国民から「心の大統領」として敬愛されている。

（1）　歴代ファーストレディに関しては、宇佐美滋『ファーストレディ物語―ホワイトハウスを彩った女たち―』

（文春文庫、一九九一年）を参照。

（2）"Transcript of President Obama's Election Night Speech", The New York Times Online, 7 Nov 2012.

（3）デヴィッド・コルバート『ミシェル・オバマ―愛が生んだ奇跡―』（アートデイズ、二〇〇九年）。

（4）ジェイ・レノ・ショーに出演時、J・クルーを着て登場。二〇〇八年の大統領選挙期間中、サラ・ペイリンが公費から一五万ドルの衣装代を受け取っていたことがスキャンダルになっていた最中だった。「私なんて全身一五〇ドル以下のJクルーよ！」。ウェブサイトでこの服は即完売した。

（5）"I really don't care. Do you?"（私には知ったことではないわ。あなたは？）テキサス州の移民収容所に向かう飛行機に乗り込むときに着用していた。二〇一六年のザラのコレクションのものと特定され、たちまちパロディ・ファッションがSNSをにぎわせた。

参考文献

・アンドリュー・モートン（入江真佐子訳）『ダイアナ妃の真実』（早川書房、一九九二年）
・石井美樹子『恋する王冠―ダイアナ妃と迷宮の王室―』（お茶の水書房、二〇〇〇年）
・宇佐美滋『ファーストレディ物語―ホワイトハウスを彩った女たち―』（文春文庫、一九九一年）
・エイザ・ブリッグズ（今井宏・中野春夫・中野香織訳）『イングランド社会史』（筑摩書房、二〇〇四年）
・オーウェン・ジョーンズ（依田卓巳訳）『チャヴ―弱者を敵視する社会―』（海と月社、二〇一七年）
・オーウェン・ジョーンズ（依田卓巳訳）『エスタブリッシュメント―彼らはこうして富と権力を独占する―』（海と月社、二〇一八年）
・笠原敏彦『ふしぎなイギリス』（講談社現代新書、二〇一五年）
・君塚直隆『ヴィクトリア女王―大英帝国の〝戦う女王〟―』（中公新書、二〇〇七年）
・君塚直隆『女王陛下のブルーリボン』（中公文庫、二〇一四年）
・君塚直隆『物語　イギリスの歴史』上・下（中公新書、二〇一五年）
・ケネス・ベイカー（森護監修、樋口幸子訳）『英国王室スキャンダル史』（河出書房新社、一九九七年）
・小池滋・青木康編『イギリス史重要人物101』（新書館、一九九七年）
・小林章夫『イギリス王室物語』（講談社現代新書、一九九六年）
・小林章夫『カミラと英国王室』（グラフ社、二〇〇五年）
・コリン・ジョイス（森田浩之訳）『驚きの英国史』（NHK出版、二〇一二年）
・鮫島敦『これが宮内庁御用達だ　こだわりの名品50』（日経ビジネス人文庫、二〇〇五年）

・サラ・ブラッドフォード（尾島恵子訳）『エリザベス』上・下（読売新聞社、一九九九年）
・谷田博幸『ヴィクトリア朝百貨事典』（河出書房新社、二〇一七年）
・チャールズ・ハイアム（尾島恵子訳）『王冠を賭けた恋―ウィンザー公爵夫人の華麗な人生―』（主婦の友社、一九九〇年）
・恒松郁生『英国王室御用達』（小学館、二〇〇一年）
・ティラー・J・マッツェオ（羽田詩津子訳）『歴史の証人ホテル・リッツ―生と死そして裏切り―』（東京創元社、二〇〇七年）
・デヴィッド・コルバート（井上篤夫訳）『ミシェル・オバマ―愛が生んだ奇跡―』（アートデイズ、二〇〇九年）
・トレバー・リース・ジョーンズ（高月園子訳）『そして薔薇は散った―ダイアナ妃事故三年目の真実―』（ショパン、二〇〇〇年）
・中野香織『スーツの神話』（文春新書、二〇〇〇年）
・中野香織『ダンディズムの系譜―男が憧れた男たち―』（新潮選書、二〇〇九年）
・中野香織『紳士の名品50』（小学館、二〇一六年）
・ハーディ・エイミス（森秀樹訳）『ハーディ・エイミスのイギリスの紳士服』（大修館書店、一九九七年）
・フィル・ダンピェール&アシュレイ・ウォルトン（あまおかけい訳）『王室の秘密は女王陛下のハンドバッグにあり』（R.S.V.P. 丸善出版、二〇一一年）
・ブレンダ・ラルフ・ルイス（樺山紘一監修）『ダークヒストリー―図説イギリス王室史―』（原書房、二〇一〇年）
・ポール・バレル『ダイアナ妃・遺された秘密』（ワニブックス、二〇〇三年）
・村上リコ『図説　英国社交界ガイド―エチケット・ブックに見る19世紀英国レディの生活―』（河出書房新社、二〇一七年）

・森護『英国王室史話』（大修館書店、一九八六年）
・森護『英国王妃物語』（河出文庫、一九九四年）

・Banks, Jeffrey and Doria de la Chapelle, *Tartan: Romancing the Plaid*（New York: Rizzoli, 2015）
・Barr, Ann, *The Official Sloane Ranger Handbook*（RH Canada UK Dist, 1992）
・Chenoune, Farid, *A History of Men's Fashion*（Flammarion, 1993）
・Cumming, Valerie, *Royal Dress: The Image and the Reality 1580 to the present day*（New York: Holmes & Meier, 1989）
・Dampier, Phil and Ashley Walton, *Prince Philip: Wise Words and Golden Gaffes*（Barzipan Publishing, 2012）
・de Guitaut, Caroline, *The Queen's Coronation 1953*（Royal Collection Trust, 2013）
・Gieves and Hawkes, *One Savile Row: The Invention of the English Gentleman*（Flammarion, 2014）
・Howarth, Stephen, *Henry Poole: Founders of Savile Row*（Bene Factum Publishing, 2003）
・Kuchta, David, *The Three-Piece Suit and Modern Masculinity: England, 1550-1850*（University of California Press, 2002）
・McDowell, Colin, *Diana Style*（New York: St. Martin's Press, 2007）
・Meylan, Vincent, *Queens' Jewels*（New York: Assouline, 2002）
・Middlemas, Keith and John Barnes, *Baldwin: A Biography*（London: Weidenfeld and Nicolson, 1969）
・Miner, Brad, *The Compleat Gentleman: The Modern Man's Guide to Chivalry*（Dallas: Spence Publishing Company, 2004）
・Museum Collection, Diana: Her Fashion Story（Historic Royal Palaces, 2017）

- Phillips, Clare, *Jewelry: From Antiquity to the Present* (London: Thames and Hudson, 1996)
- Phillips, Clare, *Jewels and Jewellery* (V&A Publications, 2000)
- Seward, Ingrid, *Royal Style* (New York: St. Martin's Press, 1988)
- Shamcross, William, *Queen Elizabeth The Queen Mother: The Official Biography* (Pan MacMillan, 2009)
- Strasdin, Kate, *Inside The Royal Wardrobe: A dress History of Queen Alexandra* (Bloomsbury, 2017)
- Young, Robb, *Power Dressing: First Ladies, Women Politicians & Fashion* (Merrell, 2011)
- Ziegler, Philip, *King Edward VIII* (Sutton Publishing, 2001)

参考映画、テレビドラマ

（映画に関しては、製作国での公開年を示した）

〈エリザベス2世&フィリップ殿下〉

・ライオン・テレビジョン制作『ＢＢＣ　世界に衝撃を与えた日1　エリザベスⅡ世の戴冠とダイアナ妃の死（Days That Shook The World：01 The Coronation Death of Diana)』二〇〇二年
・スティーヴン・フリアーズ監督『クイーン（The Queen)』二〇〇六年
・トム・フーパー監督『英国王のスピーチ（The King's Speech)』二〇一一年
・アラン・バイロン監督『英国王のスピーチの真実　ジョージ6世の素顔（King George VI：The Man Behind the King's Speech)』二〇一一年
・マドンナ監督『ウォリスとエドワード　英国王冠をかけた恋（W.E.)』二〇一二年
・アラン・バイロン監督『エリザベス2世　知られざる女王の素顔（The Majestic Life of Queen Elizabeth II)』二〇一三年
・ジュリアン・ジャロルド監督『ロイヤルナイト　英国王女の秘密の外出（A Royal Night Out)』二〇一五年
・ピーター・モーガン、スティーヴン・ダルドリー監督、ネットフリックスＴＶシリーズ『ザ・クラウン（The Crown)』二〇一六年～（6シーズン60エピソードにわたる予定）

〈ダイアナ〉

・ソウル・ディヴ監督『ある公爵夫人の生涯（The Duchess)』二〇〇八年
・オリヴァー・ヒルシュピーゲル監督『ダイアナ（Diana)』二〇一三年

〈ヴィクトリア女王〉
・ジョン・マッデン監督『クイーン・ヴィクトリア　至上の恋（Mrs. Brown）』一九九七年
・ジャン＝マルク・ヴァレ『ヴィクトリア女王　世紀の愛（The Young Victoria）』二〇〇九年
・デイジー・グッドウィン企画　iTVシリーズ『女王ヴィクトリア　愛に生きる（Victoria）』二〇一六年〜
・スティーヴン・フリアーズ監督『ヴィクトリア女王　最期の秘密（Victoria & Abdul）』二〇一七年

〈英国王室とジェントルマン文化〉
・ブライアン・パーシヴァル他・監督　iTVシリーズ『ダウントン・アビー（DOWNTON ABBEY）』二〇一〇年〜二〇一五年
・マシュー・ボーン監督『キングスマン（Kingsman: The Secret Service）』二〇一五年

〈スコットランド文化〉
・メル・ギブソン監督「ブレイブハート（Braveheart）」一九九五年
・ロナルド・D・ムーア企画　Starz シリーズ『アウトランダー（Outlander）』二〇一四年〜

〈ファーストレディ〉
・パブロ・ラライン監督『ジャッキー：ファーストレディ　最後の使命（Jackie）』二〇一七年

〈そのほか英国王、女王、ロイヤルメンバーが描かれる映画・ドラマ〉
・トレヴァー・ナン監督『レディ・ジェーン：愛と運命のふたり（Lady Jane）』一九八六年

・ニコラス・ハイトナー監督『英国万歳！（The Madness of King George）』一九九四年
・マイケル・ホフマン監督『恋の闇　愛の光（Restoration）』一九九五年
・チャールズ・ジャロット監督『１０００日のアン（Anne of the Thousand Days）』一九九六年
・シェカール・カプール監督『エリザベス（Elizabeth）』一九九八年
・ジョン・マッデン監督『恋に落ちたシェイクスピア（Shakespeare in Love）』一九九八年
・スティーヴン・ポリアコフ監督『プリンス：英国王室もうひとつの秘密（The Lost Prince）』二〇〇三年
・シェカール・カプール監督『エリザベス：ゴールデンエイジ（Elizabeth: The Golden Age）』二〇〇七年
・ＢＢＣ２、ＴＶ３、ＣＢＣ、ショウタイム合作ＴＶシリーズ『チューダーズ：背徳の王冠（The Tudors）』二〇〇七年〜二〇一〇年
・ジャスティン・チャドウィック監督『ブーリン家の姉妹（The Other Boleyn Girl）』二〇〇八年
・ヨルゴス・ランティモス監督『女王陛下のお気に入り（The Favourite）』二〇一八年
・ジョージー・ルーク監督『ふたりの女王　メアリーとエリザベス（Mary Queen of Scots）』二〇一八年

初出一覧

（大幅に改定したもの、原稿を統合したものを含む）

・「エリザベス女王、90年の麗しき日々　エリザベス女王が敬愛され続ける理由」（『25ans』二〇一六年九月号）
・「私は勇敢なのか？　愚かなのか？」（フィリップ殿下・上）（ウェブ版『MEN'S Precious』連載「伝説のジェントルマン」二〇一三年六月一四日）
・「アメリカ人と結婚する貴族さえいる」（フィリップ殿下・下）（ウェブ版『MEN'S Precious』連載「伝説のジェントルマン」二〇一三年九月一五日）
・「ロイヤル婚物語」（『25ans』二〇一一年六月号）ヴィクトリア女王、エリザベス・バウズ＝ライアン、ウィンザー公爵夫人ウォリス、エリザベス2世、マーガレット王女
・「ブローチを解読せよ」（北日本新聞別冊『まんまる』ファッション歳時記第八三回、二〇一八年八月九日）
・「ダイアナ妃物語」（『25ans』連載、二〇〇七年八月～一二月）
・「没後20年記念特集　ダイアナ妃という伝説」（『25ans』二〇一七年九月号）
・「ダイアナ妃という伝説　彼女がタイムレスである理由」（『25ans』二〇一七年九月号）
・「『ダイアナ』ロイヤルブルーをまとった英国プリンセスの真実」（『ELLE』二〇一三年一一月号）
・「ダイアナ妃　ドレスが映す心の旅」（『日本経済新聞』The STYLE，二〇一七年七月一六日）
・「異郷デザイナーが見た反骨と友情」（『日本経済新聞』The STYLE，二〇一七年七月二三日）
・「NEO SLONE STYLE 2018　憧れの対象であり続ける所以は、高い意識とハードルにあり」（『婦人画報』二〇一八年九月号）
・「ケイト・ミドルトン、ウィリアム王子との愛　障壁を乗り越え成就した『ホンモノの揺るぎない愛』」（『25ans』

二〇一一年二月号）

・「ケイト・ミドルトン流　新コンサバ　退屈にならない風通しの良さと、寛いだ品格がスローニーの共通項」（『25ans』二〇一一年六月号）

・「ヘンリー王子　場面ごとのギャップ魅力」（『読売新聞』連載「スタイルアイコン」二〇一六年一一月一七日）

・「英国の〝愛と寛容〟を示したロイヤル婚」（『25ans』二〇一八年八月号）

・「幸せのロイヤルファミリー　ファブ・フォーの時代到来!?」（『25ans』二〇一八年一〇月号）

・「なぜ、今、『王室御用達』なのか？　よいものを受け継ぎ、次の時代へと引き渡す御用達システムの恩恵」（『MEN'S Precious』二〇一一年五月号）

・「チャールズファッションを解剖する　時代がようやく追いついた」（『GQ』二〇一二年一一月号）

・「21世紀の〝紳士〟概論」（『MEN'S Precious』二〇一八年 Autumn）

・「ファーストレディの責務と愛」（『リシェス』連載「リシェス・オブリージュの精神」第三回、二〇一三年 Spring）

あとがき

二〇一九年の初頭は、イギリスの「女王」映画の公開ラッシュだった。ヴィクトリア女王の晩年の孤独と悲哀に迫る『ヴィクトリア女王　最期の秘密』、アン女王の宮廷における激しくも滑稽な権力闘争をブラックユーモアで描く『女王陛下のお気に入り』、そしてスコットランド女王メアリーとエリザベス1世の確執とひそかな連帯を次世代女優が演じる『ふたりの女王　メアリーとエリザベス』がたて続けに上映された。とりわけ『女王陛下のお気に入り』はアン王女を演じたオリビア・コールマンがアカデミー賞主演女優賞を受賞するなど各映画賞でも話題をふりまき、『ふたりの女王』は若い俳優の魅力やデニムはじめ現代的な要素を取り入れた衣装の力もあり、英国史や宮廷ファッションへの新たな関心を呼び起こした。

一九世紀、一八世紀、一六世紀と時代は異なるものの、どの映画も女王の威厳はそのままに、しかし、女王という地位にともなうリアルで人間らしい感情を赤裸々に描いており、それゆえに、時空を遠く離れた現代日本の観客にも感動を与えることに成功していた。

仕事のために結婚をあきらめ、子供を生まなかった女（エリザベス1世、一五三三～一六〇三）と、美貌ゆえに恋愛や結婚に翻弄される女（スコットランド女王メアリー、一五四二～八七）の葛藤は、現代を生きる多くの女性にも響く物語であると同時に、ふたりの女王の皮肉で劇的な末路は、実話とは思えぬくらいの数奇な運命の神秘を感じさせる。子を産まなかったエリザベス1世は栄華をきわめたけれどチューダー朝を閉じる羽目になった。エリザベスの跡を継いだのは、彼女が処刑したメアリーの息子であり、その息子はジェームズ1世（スコットランド王ジェームズ6世、一五六六～一六二五）となってスコットランドとイングランドを併合しスチュアート朝を開いた。そのスチュアート朝の最後の君主となったのはアン女王（一六六五～一七一四）だったが、アンは一七回も妊娠しながら子は全員、長く生きることができず、後継ぎが途絶えてしまったのであった。

九人の子、四〇人の孫と、子孫に恵まれた長寿のヴィクトリア女王（一八一九～一九〇一）にしても、愛する人に次々と先立たれてもなお君主としての役割を果たし続けなければならない孤独や苦しみと闘い続けなくてはならなかった。

結婚してもしなくても、子孫を残しても残さなくても、女王の人生に試練は襲い来る。英国王室の歴史はなんと不条理で複雑な人間ドラマに満ち、ゆえになんと切ない共感を呼ぶのだろうと、映画の余韻にひたりながらあらためて思う。

フィクションの中の女王の描き方にしても、滑稽であったり、ときに醜悪ですらあったりして、情け容赦ない。君主だからとて遠慮や忖度はまったくない。これは存命の英国王室メンバーが登場する『クイーン』や『ロイヤル・ナイト　英国王女の秘密の外出』、またネットフリックスのドラマ『ザ・

クラウン』などにおいても例外ではない。一般メディアもそうである。ロイヤルファミリーだからといって手加減はしない。スキャンダルのみならず、衣装のブランド、手足の手入れといった下世話な瑣事《さじ》まで容赦なく暴く。日本では到底考えられないこのメディアの姿勢もまた、王室側には不本意かもしれないが、結果として英王室人気の強化に貢献している。

本書全体に、イギリス王室やその文化に対する敬愛が通底しているとプロローグで書いたのだが、現代のイギリス社会が必ずしも称賛に値する状況にはないことは重々、承知している。新自由主義の結果生まれたのは、イギリス国内の格差拡大であり、想像を絶するその惨状は、若き論客オーウェン・ジョーンズが『チャヴ―弱者を敵視する社会―』『エスタブリッシュメント―彼らはこうして富と権力を独占する―』（海と月社）の二部作で、衝撃的に活写している。格差社会の弊害がもたらした下層階級の貧困は外国人のせいにされ、結果、「被害者」を演じる貧困層による人種差別が堂々と横行し、暴言や暴力事件が後を絶たない。外国人を排斥しようとする彼らが国民投票でEU離脱に賛成を投じ、大方の予想を裏切ってイギリスはEUを離脱することになったものの、政府はよい案を見出せずに混迷をきわめ、世界をいらだたせている。

大ヒット映画『キングスマン』は、バーバリー柄を身に着け、野球帽とジャージに金のアクセサリーをじゃらじゃらつけて不良行為にいそしんでいた貧困層チャヴとしてのエグジーが、エスタブリッシュメントたる「ジェントルマンスパイ」へと成り上がっていく物語でもあったが、現実におけるチャヴとジェントルマンの格差は、『マイ・フェア・レディ』の花売り娘とレディの格差をはるかに超えて大きくなっているように見える。

そんなこんなの厳しい現実を横目で見ながらも、ファッションを通してみた英王室の物語に焦点を絞って書いたのが本書である。ファッションと聞いて素敵なお洋服が豊富に掲載された本を期待されていたら恐縮のかぎりだが、私は「ことば、行動、態度、社会における立ち位置、交友関係、環境、マインドセット、そしてグルーミングや服装」すべてをファッション（スタイル）の構成要素とみなしている。ファッションの語源には「形づくる」という意味がある。人を形づくるものを観察していくと、当然、そのような構成要素に行きつく。正統派の英国王室史からは省略されることもあったそのような視点からロイヤルメンバーにスポットライトを照射することで、これまでとは少し違う、新しい英王室の物語を描こうと試みた。

イギリス王室について書くきっかけを与えてくれたのは、ハースト婦人画報社『25ans』編集部である。ダイアナ妃の没後一〇年にあたる二〇〇七年に連載「ダイアナ妃物語」の執筆依頼をいただいたことが、思えばすべての始まりであった。これは好評を博し、一〇年後の二〇一七年に同誌に文体を新たにして再録された。その間の二〇一一年には、歴代五人の女王、プリンセス、公爵夫人の結婚物語に関する執筆依頼をいただき、ロイヤルファミリーの愛や結婚についても研究することとなった。

奇しくもこの時は東日本大震災の直後と重なり、避難先に大量の資料を持ち込んで現実離れした物語を書き上げたことを覚えている。その後も、英王室の慶事があるごとに『25ans』編集部から執筆や取材の依頼をいただき、圧倒的な知識を誇る編集部員たちとロイヤルスタイルについての議論を重ねてきたことが、本書の土台になっている。なかでも編集部の神山裕子さん、ライターの柏原美保さんとのマニアックな会話を通して、多くのヒントを得ることができた。

王室の男性のスタイル、およびジェントルマン文化については、『MEN'S Precious』（小学館）からの執筆依頼をいただいたことが礎石になっている。

また、モダン・ジェントルマン像に関しては、BLBG代表取締役である田窪寿保さんから多くの示唆を与えていただいた。ラグジュアリーマガジン『リシエス』（ハースト婦人画報社）でおこなった対談（田窪寿保×中野香織「ジェントルマンとは何者か」『リシエス』一二号、二〇一五年Summer）や、明治大学公開講座でおこなった対談式講義（田窪寿保×中野香織「ブリティッシュ・ラグジュアリー・ブランドビジネスの秘密　―ジェームズ・ボンドに学ぶ英国流仕事の流儀―」明治大学リバティアカデミー公開講座、二〇一五年一一月一一日）において、インサイダーと共に仕事をする人ならではの視点をご教示いただいた。

さらに、日本経済新聞社からは、ケンジントン宮殿でおこなわれたダイアナ妃の衣裳展の取材、およびダイアナ妃のデザイナー、ポール・コステロ氏へのインタビューに関して、全面的なご支援をいただいた。二〇一七年七月の日曜版「The STYLE」に掲載したダイアナ妃関連の記事は大きな反響を呼んだ。日本経済新聞から海外へ派遣された最初の外部記者としての私を力強く支えてくださった記者の太田亜矢子さんはじめ日本経済新聞社のおかげあって、ポール・コステロ氏からダイアナ妃の衣装の話を聞き記事を書いた初の日本人となれたことは、とても光栄であった。

多様な媒体に王室の話を書くうちに、ストーリーが蓄積し、二〇〇八年から一〇年間、特任教授を務めていた明治大学の公開講座で「ロイヤルスタイル」という社会人向けの講義をおこなう機会に恵まれた（中野香織「ロイヤルスタイルⅠ」「ロイヤルスタイルⅡ」明治大学リバティアカデミー公開講座、二〇一四年一〇月一五日、一〇月二二日）。そこに聴講に来てくださったのが、吉川弘文館の永田伸さんであり、講義内容をもとに「ロイヤルスタイル」を執筆しませんかというお話をもってきてくださったのだった。謹んでお引き受けしたものの、単行本として一貫した読み物になるよう、全面的に書き直したり、新たに書き下ろしたりしているうちに、サセックス公爵夫妻に第一子、アーチー・ハリソン・マウントバッテン＝ウィンザーが誕生した。現実のロイヤルストーリーは新しい章に進んでいくが、本はどこかで終わらせなければ「誕生」させることができない。辛抱強くお待ちいただき、励まし続けてくださった永田さんのお力あって、ようやく、本書を完成させることができた。

そのように振り返ってみると、二〇〇七年に「ダイアナ妃物語」を書いてから干支がひとまわりしていることに気づく。この本は、干支ひとまわり分の時間に、英国王室とそれをとりまく文化について研究し、書いてきたことのささやかな一つの集大成でもある。これもひとえに、励まし、挑発し、援助してくださった右に挙げた方々はじめ、力になってくださった多くのみなさまのご支援の賜物にほかならない。支えてくださった全ての方、そして本書を手にとってくださった読者のみなさまに、心からの感謝と敬意を捧げます。

二〇一九年五月　令和が始まる新緑の季節に

中野香織

写真一覧

戴冠式後のエリザベス２世とフィリップ殿下（1953年，Cecil Beaton 撮影） *11*
ノーマン・ハートネル（1972年，Allan Warren 撮影） *11*
エリザベス２世（2015年，Joel Rouse 撮影，Open Government License v3.0） *12*
エディンバラ公フィリップ（1992年，Allan Warren 撮影） *15*
Wise Words and Golden Gaffes *18*
トランプ夫妻訪問３日目のエリザベス女王（2018年，Shealah Craighead 撮影） *23*
南アフリカ訪問時のマーガレットとエリザベス（1947年） *25*
デヴォンシャー公爵夫人（ジョシュア・レイノルズ画，1775-76年，ハンチントン図書館蔵） *27*
ノーマン・ハートネルによるマーガレットの結婚ドレス（1960年，*The Illustrated London News*，819より） *28*
クリスチャン・ディオール，1947年春夏「バースーツ」（SpiritedMichelle 撮影） *30*
アムステルダムでのプリンセス・マーガレットとスノウドン伯爵（1965年，Jack de Nijs 撮影） *33*
フェアアイル・セーターを着ているエドワード８世（ランダー画，1925年） *35*
アイルランド，スコットランドで舞踏用の靴として親しまれているギリーシューズ（2009年，Sbaitz 撮影） *36*
ウォリス・シンプソン（1936年） *40*
エドワードとウォリスの結婚式（1937年） *42*
ヴァンクリーフ&アーペル「ジップ」，ウォリスのための最初のグワッシュ画（1938年頃，ヴァンクリーフ&アーペルアーカイブス） *45*
クイーンマザーの肖像（リチャード・ストーン画，1986年） *49*
ジョージ６世とエリザベス・バウズ＝ライアンの結婚式（1923年） *50*
カナダ訪問時のジョージ６世とエリザベス・バウズ＝ライアン（1939年） *51*
晩年のクイーンマザー（Allan Warren 撮影） *52*
ヴィクトリア女王（フランツ・ヴィンターハルター画，1847年，ロイヤルコ

レクション）　*56*
ヴィクトリア女王の家族（フランツ・ヴィンターハルター画，1846年，ロイヤルコレクション）　*57*
アルバート・チェーンを付けたウィンストン・チャーチル（1943年，British Government）　*59*
クリノリン（1860-70年，MoMu-Fashion Museum Province of Antwerp 蔵，Hugo Maertens 撮影）　*61*
喪服姿のヴィクトリア女王　*66*
19世紀のジェットブローチ（2005年，Detlef Thomas 撮影）　*66*
喪のヘア・ジュエリー（2018年，Thayne Tuason 撮影）　*66*
バルモラル城（2004年，Stuart Yeates 撮影）　*67*
ヴィクトリア女王とジョン・ブラウン（1863年，George Washington Wilson 撮影，ナショナルギャラリー蔵）　*67*
ロイヤルワラントのあるラフロイグ10年　*77*
ジャーミンストリートに建つブランメル像（2017年，中野香織撮影）　*79*
靴ブランドのトリッカーズはロイヤルワラントを店舗に掲げる（2017年，中野香織撮影）　*79*
戴冠時のエドワード７世（ルーク・フィルデス画，1901年，国立肖像画美術館蔵）　*83*
フロックコートを着たロイド・ジョージとウィンストン・チャーチル（1907年）　*84*
バルモラル城でくつろぐエドワード７世（1908年，アレクサンドラ王妃撮影）　*84*
ノーフォークジャケットを着用したゴルフ用コスチューム（*Sartorial Arts Journal*, 1901より）　*85*
エドワード７世とアレクサンドラの結婚式（1863年，John Jabez Edwin Mayal 撮影）　*86*
アレクサンドラ王妃（1881年，Alexander Bassano 撮影）　*87*
チャールズ皇太子とダイアナの結婚式（1981年，Express 撮影 /Express/ゲッティイメージズ）　*91*
リベンジドレス（1994年，Jayne Fincher 撮影 /Princess Diana Archive/ゲッティイメージズ）　*103*
離婚後，チャリティ・イベントで活躍（1995年）　*104*
ポール・コステロによるスーツ（ポール・コステロ提供）　*111*
ポール・コステロによるジャケットと水玉のスカート（ポール・コステロ提供）　*111*
ポール・コステロ（2017年，中野香織撮影）　*112*

ウィリアム王子とキャサリンの結婚式（2011年，Magnus D 撮影） *114*
ダイアナ妃婚約指輪のレプリカ（2011年，Ann Porteus 撮影） *121*
ジョージ王子，オバマ大統領に会う（2016年，Pete Souza 撮影） *123*
オリンピックで活躍したザラ（2012年，Henry Bucklow 撮影） *129*
軍服姿のヘンリー王子（2015年，Eva Rinaldi 撮影） *133*
ヘンリー王子とメーガン（2017年，Mark Jones 撮影） *136*
チャリティ・イベントにて（2018年，Chris Jackson 撮影 / ゲッティイメージズ） *147*
チャールズ皇太子（2017年，Mark Jones 撮影） *157*
プリンス・マイケル・オブ・ケント（2014年，Allan Warren 撮影） *159*
プリンセス・マイケル・オブ・ケント（2008年，Big TallGuy 撮影） *162*
改革前のチャールズ２世の肖像（ジョン・マイケル・ライト画，国立肖像画美術館蔵） *165*
サミュエル・ピープス（ジョン・ヘイルズ画，国立肖像画美術館蔵） *166*
改革後のチャールズ２世（ヘンドリック・ダンカート画，1675年，ロイヤルコレクション） *168*
ロンドン市長サディック・カーン（2016年，U.S. Embassy London） *181*
エリザベス女王とオバマ大統領夫妻（2009年，Pete Souza 撮影） *191*
副大統領の大統領宣誓式に同席するジャクリーヌ（1963年，Cecil W. Stoughton 撮影） *193*
イザベル・トレドを着るミシェル（2009年，Chad J. McNeeley 撮影） *196*
大統領就任記念舞踊会でのトランプ夫妻（2017年，Ashley Marble 撮影） *198*
大統領就任記念舞踊会でのオバマ夫妻（2009年，Chad J. McNeeley 撮影） *199*

著者略歴

一九九四年、東京大学大学院総合文化研究科地域文化研究専攻博士課程単位取得満期退学
英国ケンブリッジ大学客員研究員、東京大学教養学部非常勤講師、明治大学国際日本学部特任教授を経て
現在、服飾史家、株式会社 Kaori Nakano 代表取締役
公式ＨＰ　www.kaori-nakano.com

主要著書
『着るものがない！』（新潮社、二〇〇六年）、『愛されるモード』（中央公論新社、二〇〇九年）、『ダンディズムの系譜　男が憧れた男たち』（新潮選書、二〇〇九年）、『モードとエロスと資本』（集英社新書、二〇一〇年）、『紳士の名品50』（小学館、二〇一六年）

ロイヤルスタイル　英国王室ファッション史

二〇一九年（令和元）七月十日　第一刷発行

著者　中《なか》野《の》香《か》織《おり》
発行者　吉川道郎
発行所　株式会社 吉川弘文館
郵便番号一一三—〇〇三三
東京都文京区本郷七丁目二番八号
電話〇三—三八一三—九一五一〈代表〉
振替口座〇〇一〇〇—五—二四四番
http://www.yoshikawa-k.co.jp/
印刷＝藤原印刷株式会社
製本＝誠製本株式会社
装幀＝清水良洋・宮崎萌美

ISBN978-4-642-08355-3

イギリスの古城（世界の城郭　新装版）

太田静六著　B5判・一四六頁・別刷図版一三四頁／三〇〇〇円

イギリス全土の城郭をくまなく踏査し、古城の魅力を、豊富な写真と城の配置図、建築解説でわかりやすく紹介する。なかでも古城の宝庫ウェールズや、外国人の立入が困難であった北アイルランドの古城案内は圧巻。

マザーグースと日本人（歴史文化ライブラリー　オンデマンド）

鷲津名都江著　四六判・二五四頁／二三〇〇円

イギリスで古くから親しまれ、子供から大人まで楽しめるマザーグース。明治初期に日本に伝来し幾度かブームを巻き起こした歴史から、日本人の外来文化受容の特性と、二一世紀の国際社会で生きるための可能性を探る。

皇后四代の歴史　昭憲皇太后から美智子皇后まで

森　暢平・河西秀哉編　A5判・二三六頁／二二〇〇円

明治から平成まで、天皇を支え「世継ぎ」を産み、さまざまな活動をした四人の皇后。その役割や社会の中でのイメージは、時代とともに大きく変容してきた。公（表）と私（奥）をテーマに、エピソードを交えて歩みを描く。